유진형 시집 Ⅱ

사랑 이야기

유진형 시집 II

사랑 이야기

자유시가 시조와 한시로 새 각도에서 다시 조명되는 시집

유진형 목사 시집

좋은땅

차 례

시서화 화보 차례

시 차례

시인의 말

47년간 거의 반세기 동안의 목회를 하나님 은혜 중 잘 마치고 정년 은퇴한 후 앞으로의 여생을 어떻게 보낼까 기도하며 깊이 고민하였습니다. 그동안 목회 설교를 통해 자신과 교인들의 신앙과 사랑을 끌어올리는 데 주력해 왔는데 그것을 결코 멈출 수는 없다고 생각했습니다. 그런데 그것을 지속해 더욱 심화시킬 수 있는 길을 하나님이 알려주셨습니다. 그것이 바로 詩 書 畵의 길입니다.

다윗의 시를 보면 하나님 사랑의 신앙이 철철 흘러넘칩니다. 다윗은 그렇게 시를 짓고 또 그걸 악기 연주로 노래하면서 그의 신앙과 사랑 성화를 끌어올려 구약 최고의 성군이 되었던 것입니다. 나에게도 이미 비슷한 은사가 주어져 있었습니다. 청소년 시절부터 시를 짓고 또 글 쓰고 그림 그리는 것을 좋아했었습니다. 그동안 시간이 없어 제대로 못 했었는데 이제 본격적으로 시서화를 도모하며 다윗 같이 신앙과 사랑을 끌어올리며 심화시키기로 했습니다.

목회 47년간 매주 설교 한 편을 즐겁게 창작하면서 나와 교인들의 신앙과 사랑을 끌어올렸었는데 이제는 매주 신앙 시 한 편을 즐겁게 창작하면서 신앙과 사랑을 더욱 끌어올리려고 합니다.

그 일을 더욱 충실히 하기 위해 육안으로 보고 쓰듯이 자유시를 쓰고, 또 그 시를 멀리서 망원경으로 보고 쓰듯이 시조로 바꾸어 쓰고, 또 그것을 아주 가까이서 현미경으로 보고 쓰듯이 한시로 바꾸어 창작하기로 했습니다. 그리고 그렇게 육안과 망원경과 현미경으로 눈으로 보고 쓴 시를 다시 사진 찍듯이 서예 글로 쓰고 또 그걸 그림으로 그려서 삽화를 넣으려고 합니다. 그런 시 서 화 모든 심화 과정을 통하여 신앙과 사랑을 더욱 더욱 심화시켜 가려고 합니다. 이렇게 옛부터 세 가지가 한 세트인 시 서 화 창작을 하는 즐거움과 희열 가운데 신앙과 사랑을 끌어올리는 여생을 보내려고 합니다.

그리고 제대로 시 서 화 창작을 하기 위해 춘천평생학습관과 학원 등에서 시와 서예와 그림을 공부하고 있고, 그러면서 시사문단지 자유시 신인상 등단과 한국문학예술지 시조 신인상 등단과 한시 신인상 등단도 이뤘습니다. 그리고 이번에 지난 1년간 쓴 시를 모아 시집을 내게 됐고, 앞으로 시 서 화 작품도 모아지게 되면 전시도 하게 되리라고 생각합니다.

나의 목적을 보다 온전히 이루기 위해 나는 무엇 보다 시 창작의 원칙을 뚜렷이 세우고 모든 시를 만들고 있습니다. 첫째로, 天 人 地 사랑(하나님 사랑, 인생 사랑, 자연 사랑)이 담긴 시를 짓기로 했습니다. 무엇보다 하나님 사랑의 신앙 심화를 위해서입니다. 그래서 매시에 꼭 하나님 사랑의 신앙을 담도록 하고 있습니다. 둘째로, 기 승전 결의 4연으로 전개되는 온전한 시를 짓기로 했습니다. 특히 시조나 한시는 기 승 전 결로 구성돼야만 하는 엄격한 규칙이 있기 때문입니다. 그리고 한시는 운과 평측 대우 등 지켜야 하는 많은 까다롭고 엄격한 규칙을 엄수하며 작시하고 있습니다. 셋째로, 시의 3요소를 확실히 갖춘 시를 짓기로 했습니다. 1) 사상성 곧 주제를 확실히 해 신앙 사상을 표현합니다. 2) 음악성 곧 리듬을 확실히 하기 위해 4행 4연의 시를 지으며 내재 리듬도 살립니다. 3) 회화성 곧 영상이 그려지는 시를 짓기 위해 다양한 비유 등 묘사에 주력합니다. 그러나 가급적 이해하기 쉬운 시를 지으려고 하고 있습니다.

저는 오늘도 이러한 시 서 화 창작 작업을 하기 위해 아주 바쁩니다. 그리고 그 일이 아주 즐겁습니다. 그리고 그렇게 하면서 신앙과 사랑 성화를 끌어올리는 것이 너무 좋습니다.

이 첫 번째 시집의 제목이 '시 서 화의 사랑'이고 본 시집의 첫 번째 시가 바로 '시 서 화의 사랑'이며 거기에 제가 이상과 같이 하고 있는 이유와 의미가 또한 잘 담겨 있습니다. 그 첫 시로부터 저의 모든 시를 잘 음미하며 읽으시는 모든 분들에게도 다윗 같이 신앙과 사랑이 더욱 더욱 심화되게 되기를 기원합니다.

2023. 6. 5 유진형 목사

2집에서 덧붙이는 말

다윗의 시를 보면 대체로 모든 시의 결론은 항상 「하나님 찬양」입니다. 저의 시도 소재는 아주 다양하지만 모든 시의 결론은 항상 「하나님 사랑」입니다. 시를 지으면서, 시 서 화 작품을 만들면서 저의 목적은 항상 「하나님 사랑」 심화이기 때문입니다.

이번 2집에서는 시 서 화 작품도 책 앞부분에 실었고 또 성전 본당 로비 한 쪽 편에도 그것을 전시하는데, 저의 시와 시 서 화 작품을 감상하는 모든 이들도 신앙의 핵심이고 신앙의 전부인 「하나님 사랑」이 심화 되기를 소원하는 마음입니다.

하나님 십자가 사랑을 받는 중생과 하나님을 사랑하는 성화가 곧 「하나님 사랑」 받고 드림이 더 충만하게 되기를 간절히 소원합니다.

2024. 5. 23 유진형 목사

고양이

눈이 동그랗게 커서 슬픈 존재예요
모양만 호랑이고 작은 난 겁쟁이죠
더 작은 쥐나 쥐잡듯 하지
난 겁이 나서 몸둘 곳을 잘 몰라요

그래 난 혼자 있는게 너무 좋아요
혼자 무엇엔가 집착하다 보면
현실을 떠나 시공을 초월하여
한없는 자유를 느끼지요

사람이 오면 경계하며 움츠러들죠
애정 표현도 못하고 내 털만 핥지요
그래 오해를 사고 미움도 받아요
그럴 때 산다는 게 괴로워요

완전 평안처를 늘 소망하고 있지요
그래 피할 구석을 찾다가
높은 곳에도 올라가죠
하늘나라까지 올라가고 싶어요

인생

인생은 영혼을 향한
위대한 꿈이다
한낱 허황된
드라마가 아니다

향락이 아닌
미래 위해 살라
현실이 아닌
예술을 그리며 살라

난파한 자를 보며
낙심하지 말고
위인을 보며
용기를 얻으라

그리고 무엇보다
하나님을 믿고서
좋은 날을 기다리라
영원을 얻으라

28

참사랑

날 버리고 떠나간
야속한 사람
더부어 준 내 사랑
어찌 버리나

내 마음은 여전히
불타 있는데
그대 맘은 왜 이리
차가워 졌나

내 뜨건 맘 도무지
주체 못하여
그대를 살리려고
날 희생하네

내 십자가 감격해
돌아 온다면
영원토록 참 사랑
낙원 되리라

29

반 달

나는 사람과 같다
점점 커질 때도 있고
점점 작아질 때도 있지만
늘 부족을 안고 산다

때론 내 잘못 때문이다
산 뒤로 들어가 서지
남 잘못일 때도 있다
구름이 가릴 때도 있지

하나님 같은 해 앞에서는
아예 난 보이지도 않는다
티끌 같은 존재고
없는 것 같은 존재다

허나 그가 숨어 날 다 비춰주면
산과 구름 다 치워주면
완전히 둥글어 진다
완전히 그를 반사 한다

31

내 사랑아

온갖 질병에 썩는 나무 나의 백성들아
먹고 사느라 걸레되는 온 인류들아
싸움서 얻어 맞고 누운 풀 된 자들아
사망 형벌 재판중 죽어가는 내 사랑아

내 가슴에는 눈물 비가 안 그치는 구나
내 입술은 탄식으로 사시나무 되고
목에선 한숨의 증기를 마구 내뿜는데
과연 이 일을 어떻게 해야하지?

죄의 형벌로 그 고난 받고 지옥 가는데
원인인 죄 지으면 지옥 가는게 옳지
맞아! 내가 대신 지옥 가면 되겠다
십자가 지옥 형벌 대신 당하도록 하자!

그러면 저들 죄 형벌 고난 지옥 다 벗겨
믿고 천국을 받아들이기만 하면 돼
건강과 부요와 평화와 영생을
모두 다 영원토록 누리게 할수 있겠다

32

두통거리

두통거리가 나를 옭쥔다
숨도 쉴 수 없게
나를 짓 누르고
천지는 먹장구름 속이다

시커먼 문제 구름이
소나기로 폭포수돼 부어지고
질병 가난 불화 사망이
쉬지 않고 나를 두들겨 팬다

온 몸을 두들겨 맞아
만신창이가 되고
영혼 까지 찢겨져
피를 흘리고 있다

누군가 우산을 씌워 주거나
대신 맞아 주면 좋겠다
맞아, 주 십자가 대신 저주로
내가 자유 얻게 됐지

12

34

집 념

하나의 집념에
내가 포로가 된다
비전을 향해
내 눈이 꽂힌다

최선을 다해
그 길을 달린다
나는 노예 처럼
혹사를 당한다

허나 내 맘 대로
꿈을 꾸어도
일의 성취는
주 뜻 대로 하신다

아예 처음 부터
주 뜻 대로 꿈꿔야
행통의 성에
천국을 얻는다

35

인생 연주

화려한 무대 의상을 입고
치맛 자락 멀쳐 날려며
바이올린과 활을 들고
장군 처럼 무대로 나아간다

연주는 다 연습이 돼 있으니
나름 멋진 연주를 하고
박수 갈채도 받고
아마 앵콜도 받게 되겠지

허나 내 인생 연주 현장은
쓰레기 장 같고
텅 빈 허공 같기도 하니
도대체 이게 뭐란 말인가

주님 꼭좀 도와 주소서
내 인생 연주를 주관하셔서
천국 열매 풍성히 맺는
명작 인생 되게 하소서

36

옥 루

예루살렘 멸망을 예견 하시고
옥루를 흘리신다
인간의 힘으로 외 와 구원 못얻음을 보시고
주님은 옥구슬 눈물을 흘리신다

나사로의 죽음을 봐고
눈물을 흘리신다
인간의 힘으로 사망 못 면함 보시고
주님은 애통을 흘리신다

지옥 가는 사람들 보시고
지옥 문에서 울고 계신다
인간의 힘으로 지옥 못 면함 보시고
주님은 사랑을 흘리신다

허나 결국 천국 가는 백성들 봐고
천국 앞에서 웃음을 터뜨리실 것이다
주의 십자가 은혜로 천국 가는것 보시고
주님은 사랑을 터뜨리실 것이다

37

수 선 화

이름 그대로 물가에 떠며
신선 처럼 진땅 위로 솟아있는 너
물이 좋아 거기에 있고
하늘이 좋아 솟아 있느냐

모습이 화사한 너
뭐가 좋아 그리 해같이 웃고 있너
미인 자태를 뽐내며
종추기도 쉬지를 않는 구나

허나 힘이 없고 연약해
이리 저리 흔들리며
뭇 바람에 노예처럼 시달리는 게
보기에 애처롭다

헌데 땅 속의 뿌리부터 꽃 까지
네 속에 한 우주가 있고
그 속에 생명이 들어 있어
생명의 주 하나님도 계시는구나

38

꼬마와 인생

눈이 내리는 날
꼬마는 너무 좋다
우리 인생 아름답고
산다는 게 즐겁다

미니 별장 향하여
방방 뛰며 간다
인생 꿈 달콤하고
가는 길이 기쁘다

그런데 푹푹 빠지고
꼬마 가방 무겁다
인생고가 발목 잡아
우릴 넘어뜨린다

허나 아버지가 있다
겁 낼 것이 없다
하나님이 빽이시니
걱정할 게 무언가

41

눈물

고통 슬픔의 창을
눈물이 씻는다
기쁨 사랑 감정이
분수 돼 솟는다

미스코리아 웃음은
가짜일 수 있지만
화장 지우는 눈물은
순수한 진주이다

그런데 우는 얼굴은
구겨진 걸레 되고
보는 이의 마음도
앓은 뱅이가 된다

하지만 눈물 그릇에
주가 영구 보존하시고
그 씨앗 뿌린 곳에
웃음 열매 주신다

폐 가

폐가 하나가 산기슭에 주저앉아 있다
삶도 행복도 다 떠나고 텅 비어 있다
지구가 우주 한편에 누워 있다
에덴 동산 웃음 메아리 사라진 지 오래다

폐가 앞에 폐차 하나도 죽어있다
씽씽 달리던 힘 자랑도 옛 말이다
인간의 폐허 속에 죽어있다
병들어 골골 대며 죽어가고 있다

폐가 주위의 나무들은 싱싱하다
위를 향해 힘차게 생명이 솟아있다
죽어가는 세상에 생명 주 내려온 거다
모두를 살려 데려가려고 온 것이다

폐가 뒤 언덕 너머에 하늘이 보인다
이 모든 처참함을 초월한 푸르름이 있다
모두가 되살아나 가야 할 낙원이 있다
모든 죽음을 정복한 부활이 있다

창 가의 여인

여인이 창가에 기대어
수 놓는 손이 흐느낀다
달빛 속 임의 얼굴이
점점 멀어져만 간다

산 새가 노래한다
임은 떠날 것이라고
여인 손 가의 달빛 마저
점점 스러져만 간다

입술에 새어나오는 기도
주여 저희를 버리시나요
산 새도 흐느끼며 운다
임은 아주 떠난 거라고

허나 돌아온단 편지 후
재회 때 흘린 눈물에
주님 웃음 비친다
산 새 노래도 좋을 좋다

47

사랑으로 사는 사람

사람의 삶에서 사랑을 빼면
무엇이 있읍니까
그 행복을 빼면
사람은 왜 사는 것이지요

욕심만 좇는 삶이
사람에게 무엇을 주나요
끝 없이 좇는 무지개를
과연 잡을 수 있읍니까

욕심으로 남 해치는 삶에
진정 사람이 있나요
결국 사람 자기 죽이는
사망이 아닙니까

사랑으로 사는 사람
사랑으로 행복한 사람
사랑으로 신앙하는 사람
그만이 천국을 얻지 않나요

48

이름

막 태어난 핏덩이에게
의미가 붙여진다
존재가 되고
이름이 된다

주위 사람들이
인정하며 부른다
나도 소중하구나
이름을 꽉 붙잡는다

무리 속에 들어갈 땐
부르는 자가 없다
존재 인정 못 받는
이름 없는 자가 된다

주께서 불러 주시자
갈대 시몬이
반석 베드로가 됐다
이름이 위대함을 죽었다

즐겁게 사랑을

과정은 즐겁고 결과는 사랑인
시·서·화 이루게 하소서
즐겁게 시 지어 쓰고 그리다가
사랑을 품게 하소서

과정은 즐겁고 결과는 사랑인
신앙과 인생 이루게 하소서
웃으며 걸어 가서
감격해 울며 도착하게 하소서

욕심 악마가 괴로움을 주다가
분쟁 지옥에 빠뜨리므로
하늘과 땅이 부서져서
시커먼 시궁창 되는 걸 피하며

과정은 즐겁고 결과는 사랑인
주님과의 데이트 하게 하소서
시간을 잊고 걸어가면 끝에
주님 품에 깊이 안기게 하소서

네 가지 사랑

남녀가 만나서 색안경을 끼게되자
음양 전기가 서로 불붙듯이 둘이 합할때
스파크 현상 보이며 불이 타오른다
이성간 에로스 사랑 연정이다

그러자 태어나게 된 아기에게
몸과 의식주를 희생해 다 주면서
쏟아 붓는 정이 강물돼 변함없이 흐른다
모자간 스트게 사랑 모정이다

자라는 아이들끼리 놀다가 싸우다가
밖에 나가 동무들 끼리 또 놀다 말다
이사를 가자 모두 빛바랜 사진이 된다
친구간 필리아 사랑 우정 아녀 무정이다

참사랑으로 사는 사람 되려고 교회 나가
당신 까지 희생해 영생 주시는 신을 만나
변함 없는 그 하늘을 신앙하며 헌신한다
신인 간 아가페 사랑 참사랑이다

속에서 웃음이 걸어 나온다

겉을 보고 속지 마라
바리새인의 겉 선행 보다
그의 마음 속 욕심을 보아라
속에 진실이 숨어 있다

속이 솟구쳐 나와
겉을 만들게 하라
마음 속에 눈물과 땀을 심으면
웃음 열매가 걸어 나온다

겉만 보고 가짜를 따르면
제 무덤을 파게 된다
돼지 영감 부러워서 따르다간
돼지 우리에 갇힌다

겉으로는 안 보이는
영이신 하나님을 보아라
그 속 사랑 품에 뛰어들어야
영원 행복 웃음이 걸어 나온다

쉼이 없는 인생

욕심이 가득해서 쉼이 없다면,
그래 자연 앞에서 무관심 안경을 껴서
산천 초록 느끼는 예술이 없다면
그건 잿빛 인생이지

목표 달성 위해서 멈춤이 없다면,
그래 사람들 앞에서 목석이 돼서
가족 친구 이웃과의 사랑이 없다면
그건 불행한 인생이지

근심이 가득해서 즐김이 없다면,
그래 자신 보는 눈을 아직 못 뜬 아기라
내 속에서 깨닫는 철학이 없다면
그건 무의미한 인생이야

뭔가에 쫓겨서 여유가 없다면,
그래 하나님 못 보는 근시안경만 껴서
하늘 근본과 사는 영성이 없다면
그건 죽어가는 인생이다

사랑 이야기 (자유시)

2023.6.7

산골 개울물에 바지 걷고 들어가
물을 서로 끼얹으며 첫 사랑 나누던
친구의 흐르는 불같은 사랑 이야기를
봄 볕 쬐며 강가에서 들었지

시냇물 물장구치면서
연심이 더욱 더욱 깊어져만 갈 때
한 여름 불타는 더위가
가슴을 더욱 뜨겁게 달궜다네

그런데 강물에 작은 돛단배 띄우고
사랑놀이 하다 그만 물에 빠져
그녀만 혼신을 다해 건져 올리느라고
자신은 가을 찬 물에 빠져들었다는군

거기 바다 부근의 구조대원이 건져
심폐 소생 부활 후 눈을 떠서 보니
희생 주를 보듯 겨울 사랑 무르익은 눈으로
바라보며 글썽이는 그녀가 있었다네

20

사랑 이야기 (시조)

산 개울 물 가에서
싹 트던 첫 사랑이

시냇물 물놀이로
뜨겁게 불타더니

강물에 빠져 희생해
참 사랑 돼 솟았네

愛話 (사랑 이야기/漢詩)
애 화

山村谷水授初情	산촌의 계곡 물이 첫 사랑을 가져다주었고
산 촌 곡 수 수 초 정	
美嶝邊朋話愛程	고운 개울가 친구가 그 사랑 과정을 얘기했지
미 등 변 붕 화 애 정	
共泳娛遊長戀念	서로 헤엄치는 물놀이가 연심을 더욱 키우고
공 영 오 유 장 연 념	
如陽夏署闡胸明	태양 같은 여름 더위가 가슴 불빛을 밝혔다네
여 양 하 서 천 흉 명	
然江小艇沈男女	그런데 강의 작은 배가 남녀를 빠뜨렸고
연 강 소 정 침 남 녀	
冷處犧其活但英	찬 물에 희생하는 그가 꽃잎만을 살렸다네
냉 처 희 기 활 단 영	
海近求員生舊友	바다 근처의 구조대원이 그 친구도 살렸을 때
해 근 구 원 생 구 우	
冬仁她目泣慈精	겨울 사랑 담긴 그녀의 눈이 사랑 정수 흘렸다네
동 인 저 목 읍 자 정	

인생은 피난 길 (자유시)   2023.6.14

타고 갈 기차가 좀처럼 오지 않는다
갖고 가는 살림 보따리에 기대어 가족들이 누웠다
혁명후의 폭압에 일단 피해 있는 게 상책이라
눈이 쌓이는 날 부리나케 나온 것이다

제한된 기차 짐칸에 수많은 인파가 몰린다
가족 하나라도 못 탈까봐 살벌한 투쟁 끝에 다 탔다
긴 설원을 달리며 창으로 달을 보자 시심이 솟는다
인생은 피난길이라는 즉흥시를 지어 읊조린다

각종 고난에서 피해 가던 며칠 후 기차가 멈췄다
잠시 하차한 것이 화근이었고 혁명군에 체포됐다
죽는 줄로 알았고 가족들과 영 이별하는 줄 알았다
다행히 풀려나 기차에 오르자마자 막 출발하였다

드디어 끝없는 초원 위의 작은 별장에 도착했다
오랜만의 휴식이었고 주님이 천국을 주신 것 같다
텃밭에 농사지으며 얼마간 걱정 없이 지낼 것 같다
피난 중의 안식이라는 시를 지어 읊조려 본다

인생은 피난 길 (시조)

인생은 피난 가는
고달픈 길과 같고

때로는 큰 환란에
두려워 쩔쩔 매나

고난 중 안식도 하며
그냥 저냥 버틴다

人生者避難路 (인생은 피난 길/漢詩)
인 생 자 피 난 로

公權暴壓驅吾與   공권 폭압이 우리 일행을 몰아냈고
공 권 폭 압 구 오 여

避亂家庭待汽車   피난 나온 가정은 기차를 기다렸다
피 난 가 정 대 기 차

競走多徒乘馱室   뛰어드는 많은 무리가 짐칸을 올라탔고
경 주 다 도 승 타 실

觀窓月我詠生書   창밖의 달을 본 나는 인생 시 글을 읊었다
관 창 월 아 영 생 서

臾逃列朕當拿捕   잠깐 열차를 내린 나는 나포를 당했고
유 도 열 짐 당 나 포

付恐慌其許釋余   공포와 당황을 준 그는 나를 풀어주었다
부 공 황 기 허 석 여

竟一行群占別屋   마침내 우리 일행들은 별장 집을 차지했고
경 일 행 군 점 별 옥

持農事族獲安居   농사일을 갖게 된 가족은 안식을 얻었다
지 농 사 족 획 안 거

23

첫사랑 (자유시)

2023.6.21

가슴에 짜릿한 행복 오자 눈엔 천지가 꽃밭 같았다
첫사랑이 주어지자 다른 모든 건 남을 줘도 좋았다
애타는 기다림 끝에 시간 가는 줄 잊는 데이트할 때
헤어지기 싫어서 하나 돼 같이 있는 게 소원이었다

그래서 결국 하나가 돼서 하나의 가정을 이뤘다
수십 년 붙어있었고 손발과 호흡을 잘 맞춰 살았다
작은 갈등 좀 있어도 전체적으로 찰떡궁합이었다
그런데 이건 그냥 호감이지 옛날 짜릿함은 아니다

그 에덴동산 같던 봄꽃 향기 가득한 낙원은 어딨나
그 누가 돌려주랴 다시 돌아가고 싶은 그 때 그 날을
종종 그 첫 행복 잃어버린 슬픔에 가슴이 엉엉 운다
그 누가 돌려주랴 그 그립고 아름답던 시절을

그런데 주님이 그걸 더 좋은 걸로 돌려주실 것 같다
옛날로 돌아갈 수는 없으니 새 날을 주실 것이다
주와 완전한 사랑을 드리고 받는 그날이 올 것이다
이미 그 사랑의 천국이 시작됐고 곧 완성될 것이다

24

첫사랑 (시조)

첫사랑 그 행복에
하나 됨 원했으나

결혼해 잘 살아도
그 낙원 흐릿하나

주님과 완전 사랑하는
천국 낙원 얻는다

初愛 (첫사랑/漢詩)
초 애

伯愛歡娛賜秀田	첫사랑 즐거움이 꽃밭을 제공했고
백 애 환 오 사 수 전	
交遊享樂願單全	교유 향락이 하나 되는 완전을 원했다
교 유 향 락 원 단 전	
婚姻配匹迎呼吸	혼인한 배필이 호흡을 맞췄으나
혼 인 배 필 영 호 흡	
燥渴人生付不平	목마른 인생이 불평만을 갖다 주었다
조 갈 인 생 부 불 평	
舊戀回思投落念	옛 사랑 회상이 낙심 마음을 던져주었고
구 련 회 사 투 낙 념	
無聊失意托悲泉	무료 중 실의가 슬픈 샘만을 맡겼다
무 료 실 의 탁 비 천	
然吾主恁施尤好	그런데 내 주님이 더 좋은 것을 베푸시고
연 오 주 임 시 우 호	
對聖慈情給幸天	주님과의 사랑이 행복한 천국을 준다
대 성 자 정 급 행 천	

비무장 지대 (자유시)

2023.6.28

이 산과 저 고지가 서로 마주보고
이 얼굴과 저 눈이 서로 노려보며
경계하는 얼음장 같은 눈 빛 아래에서
마구 떨리는 걸 애써 감추고 있는 그곳

언젠가는 화산 불덩이가 폭발하고
천둥 치며 폭풍우 물덩이가 쏟아져
한반도를 다 쓸어버리게 할
음모가 숨어 노리고 있는 비무장 지대

그 위에 떠 있는 한 하늘의 별들도
자유롭게 이쪽저쪽 가서 사는 나무와 꽃들도
평화로운 자연의 그 힘만으로는
도무지 어찌하지를 못하는 그곳

결국 신이 거기 등장하지 않으시면
마음들을 그가 움직여 주지 않으시면
용서와 구원의 복음을 진정 안 믿으면
통일이 안 될 것 같아 비무장 지대가 운다

비무장 지대 (시조)

경계가 삼엄하고
불안에 떨리는 곳

한반도 멸망시킬
음모가 숨죽인 곳

하나님 섭리 없으면
통일 없을 휴전선

非武裝地帶 (비무장 지대/漢詩)
비 무 장 지 대

相間踐警爭   서로가 경계 다툼을 실천하며
상 간 천 경 쟁

恐怖給憂城   공포가 근심을 주는 성
공 포 급 우 성

水火投災害   물과 불이 재해를 던지게 하는
수 화 투 재 해

陰謨蓋國京   음모가 나라를 덮을 본부
음 모 개 국 경

平和通自界   평화가 자연계를 통해 주어지나
평 화 통 자 계

厥力未經營   그 힘은 경영을 못 한다
궐 력 미 경 영

但主成單一   오직 주가 통일을 이루어
단 주 성 단 일

伊坤靜止鳴   저 땅이 울음을 멈추리라
이 곤 정 지 명

원앙새 한 쌍 (자유시)

2023.6.28

원앙새 한 쌍이
서로 뽀뽀를 한다
모든 동물이 그렇게
짝짓기를 한다

천지만물 모든 것이
음과 양으로 존재한다
서로 간에 조화와
결합을 위해서다

그런데 그것은 본능일까
아니면 사랑일까
본능이든 사랑이든
왜 주어진 것일까

사랑이신 하나님의 창조로
하나님 닮게 된 것이다
사랑 대상으로 사람 짓고
사랑 환경 만드신 것이다

원앙새 한 쌍 (시조)

원앙새 뽀뽀하고
동물들 짝짓는다

만물이 음양으로
결합을 도모한다

사랑의 하나님께서
사랑 세상 지었다

鴛鴦鳥一雙 (원앙새 한 쌍/漢詩)
원 앙 조 일 쌍

鴛鴦嗽口端　　원앙이 입술을 맞추고
원 앙 축 구 단

萬物示陰陽　　만물이 음양을 보인다
만 물 시 음 양

厥愛來何故　　그 사랑은 어떤 까닭으로 주어졌나
궐 애 래 하 고

慈神造惠坊　　사랑 신이 사랑 마을을 만든 까닭이다
자 신 조 혜 방

시외버스를 탔다 (자유시)   2023.7.5

시외버스를 탔다 예쁜 꽃을 되찾기 위해서다
한동안 만남도 전화도 편지도 없었다
처음엔 모두 분홍색뿐이었고 검은색은 안 보였다
그땐 색안경 때문에 황홀했고 별천지였다

버스 창밖 스치는 풍경을 보며 회상에 젖는다
그 후 색안경을 벗고 보니 장단점이 다 보였지
지금 버스 안 얼굴들도 빛과 그림자가 다 있잖은가
나는 결국 그림자에 현미경 대고 까탈스러진 거다

검은색 부분만 점점 확대돼 뵈자 만남이 멈춰졌다
그런데 안 만나자 90% 분홍색 면이 다시 보였다
90% 빛 때문에 10% 그림자도 보인다는 걸 알았다
90점은 우등임을 다시 본 내 꽃도 인정하는 듯했다

7년 교제 중 10%인 7개월 쉬고 다시 시작했다
그리고 하나가 돼서 지금껏 잘 살고 있다
90%는 좋아하는 사랑을 10%는 긍휼 사랑을 품고
그렇게 완전히 사랑하시는 주님을 더욱 닮고 싶다

시외버스를 탔다 (시조)

버스를 타고 가서
간만에 임을 보니

색 안경 분홍 꽃도
맨눈의 검은 꽃도

주의 눈 사랑 눈으로
다시 품게 되었네

乘市外車 (시외버스를 탔다/漢詩)
승 시 외 차

余傒美秀搭車前　예쁜 꽃을 기다리던 나는 차 앞에 올라탔다
여 혜 미 수 탑 차 전

孟色顔玻示赤泉.　처음엔 색안경이 핑크빛 샘을 보였었다
맹 색 안 파 시 적 천

我脫紅璃知善短　(그 후) 안경을 벗은 나는 장단점을 다 알게 됐고
아 탈 홍 리 지 선 단

終予見暗失心平　결국 어두운 점을 본 나는 마음의 평정을 잃었다
종 여 견 암 실 심 평

人思弱點停遭面　약점을 생각한 자는 만남을 멈춰버렸고
인 사 약 점 정 조 면

朕趺相逢識肯邊　만남을 멈춘 나는 (그러나)긍정적 면을 알게 됐다
짐 주 상 봉 식 긍 변

七月休交行再際　7개월간의 휴교는 (그래)다시 교제를 시작했고
칠 월 휴 교 행 재 제

吾方救主抱祖憐　주 닮은 우린 좋아하고 긍휼 베푸는 사랑을 품었다
오 방 구 주 포 저 련

31

아우성 소리 (자유시)   2023.7.5

들국화 언덕 밑에
호수 위 물새
호변의 별장에선
낮잠 익는다

빌딩서 밑을 보니
손발 흔들며
사람들 차와 함께
흘러만 간다

그런데 바삐 가다
수렁에 빠져
손발 허우적이며
아우성친다

언덕에서 구원 주
손 내미는데
보는 눈이 열리면
낙원이 온다

아우성 소리 (시조)

자연은 평화롭고
인생은 유수인데

인생고 수렁 속은
아우성뿐이구나

언덕 위 구원주 보면
낙원천국 얻으리

痛聲 (아우성 소리/漢詩)
통 성

自界許平和　자연계는 평화를 주고
자 계 허 평 화
人生贈走奔　인생은 분주함을 준다
인 생 증 주 분
沈坑宣痛呟　수렁 빠짐이 아우성을 주나
침 갱 선 통 현
主恁設求援　주님께서는 구원을 주신다
주 임 설 구 원

무덤 하나 (자유시)

2023.7.12

총알 비 쏟아지던 한 계곡 양지쪽에
긴 세월 비바람에 낮아진 무덤 하나
주인이 아군인지 아니면 적군인지
아무도 알 수 없는 말 못 하는 흙더미

적군을 못 이기고 죽어가던 원한에
한 뿜어내 솟구친 무덤 위 잡초들과
격려하러 주변에 몰려든 잡초들이
뒷담화 쏟아내며 흔들던 바람 소리

그 소리 들었는지 소낙비 천둥소리
지옥의 악마 대장 퍼붓는 고함 같고
불쌍한 이 병사를 퍼부어 짓밟는 게
딱하고 안타깝고 천지도 무심하다

그런데 비 그치자 한 쌍의 쌍무지개
무덤 뒤에 솟아나 온 누리를 비추니
모든 한을 씻어줘 눈물 닦아 주시는
주님의 자비롭고 따뜻한 손길인가

34

무덤 하나 (시조)

버려진 무덤 하나
한 맺힌 잡초 불평

악마는 천둥 고함
소나기 퍼붓지만

주님은 불쌍히 여겨
쌍무지개 비춘다

墳一 (무덤 하나/漢詩)
분 일

兵爭峽谷棄單墳　　병사들의 전쟁 골짜기가 한 무덤을 버렸고
병 쟁 협 곡 기 단 분

憤死憎心育草軍　　분한 죽음의 미운 맘 한이 잡초 군대를 키웠다
분 사 증 심 육 초 군

惡辣魔王滂霹瀑　　악랄한 마왕이 천둥과 소나기를 퍼붓지만
악 랄 마 왕 방 벽 폭

慈悲主恠暟虹群　　자비로운 주님은 쌍무지개 군을 비춰주신다
자 비 주 임 개 홍 군

소원 (자유시)

2023.7.19

한 겨울 아랫목 이불 밑 같은
엄마의 따뜻한 품을 그리며
그런 해결사가 나에게 있다는
믿음을 잃지 않게 하소서

형제와 사이좋게 지내고
부모를 잘 섬기고 살며
그런 마땅한 도리를 지키는
사랑 가진 자가 되게 하소서

크게 앓거나 낭패 당하여
하늘 무너지고 땅 꺼질 듯하고
모든 게 까맣고 빨갛게 보이는
절망에 빠지지 않게 하소서

오히려 아빠가 약속한 선물을
맘에 품고 미소 지으며 잠들던
그런 어린이로 돌이키어
꿈의 달콤함에 살게 하소서

소원 (시조)

따뜻한 해결사가
있다는 믿음 갖고

주님과 사람들을
섬기는 사랑 품고

절망에 빠지지 말고
꿈에 살게 하소서

所願 (소원/漢詩)
소 원

陪援者我信求忠　　돕는 자를 모신 나는 구원 충실을 믿고
배 원 자 아 신 구 충

守正倫余愛主叢　　정 륜을 지키는 나는 주님과 모두를 사랑하며
수 정 륜 여 애 주 총

取亂題吾捐苦侘　　난제를 가진 나는 고통 절망을 버리고
취 난 제 오 연 고 차

懷兒想朕願持夢　　아이 생각을 품은 나는 꿈 갖기를 원한다
회 아 상 짐 원 지 몽

욕망이라는 이름의 열차 (자유시)   2023.9.6

욕망이라는 이름의 열차가 달린다
식욕 성욕 물욕 명예욕 칸들이 줄줄이 이어져
사자처럼 맹렬한 기세로 달린다
큰 기대와 희망을 품고 달리고 있다

경유지와 목적지에서 모두들 내린다
목적 달성의 쾌감이 아주 조금 밖에 없다
그 쾌감에 만족할 수 없어 더 큰 목적지를 향해
차를 갈아타고 또다시 힘들지만 계속 달린다

이런 일 반복에 지혜자에겐 불만이 쌓인다
목적 달성의 쾌감은 아주 잠깐뿐이고
늘 힘들기만 한 여행을 언제까지 계속해야 하나
권태와 깊은 허무감에 빠져버린다

허나 욕망 아닌 사랑이라는 이름의 열차를 만난다
거긴 가는 과정도 즐겁고 결과 만족도 안 식는다
사랑은 줄때나 받을 때나 다 행복해 너무 좋다
가만 보니 거기에 사랑의 본체 그분이 계신다

38

욕망이라는 이름의 열차 (시조)

사람의 욕망 열차
애써서 달리지만

만족을 할 수 없어
허무에 빠지는데

사랑의 열차 타면은
주의 행복 가득해

慾望名車 (욕망이라는 이름의 열차/漢詩)
욕 망 명 차

慾望名車走世區　　욕망이라는 이름의 열차가 세상 구역을 달리고
욕 망 명 차 주 세 구

勤農勉者植希株　　부지런히 농사 힘쓰는 자가 희망 그루를 심는다
근 농 면 자 식 희 주

非成足厥求多積　　만족을 이루지 못한 그가 더 많은 업적을 구하고
비 성 족 궐 구 다 적

不得充其願太吾　　충만을 얻지 못한 그가 더 큰 자신 되기를 원한다
불 득 충 기 원 태 오

末敗賢人持倦怠　　결국 실패한 현인이 권태를 갖게 되고
말 패 현 인 지 권 태

終亡智衆被虛無　　결국 패망한 지혜 무리가 허무를 입는다
종 망 지 중 피 허 무

然慈汽客耽嬉樂　　그러나 사랑 기차 승객은 희락을 즐기고
연 자 기 객 탐 희 락

愛主中民享幸娛　　사랑 주님 안의 백성은 행복 즐거움 누린다
애 주 중 민 향 행 오

노숙 (자유시)

2023.8.2

어찌 하다 보니 아내도 없어지고
집도 소유도 모두 사라져 버리고
홀로 거리에 버려진 쓰레기가 되고
굴러다니는 찌그러진 깡통이 되었다

누울 곳을 여기저기서 찾아봐도
춥고 딱딱해서 잠도 제대로 잘 수가 없다
그럭저럭 얻어먹고 주워 입어도
모두 옛날 거지와 같은 냄새나는 짓이다

조용할 때 홀로 가만히 눈만 감으면
어리석었음을 후회하는 눈물만 흐르고
원망을 되새길 땐 가슴에 불이 솟아도
이 못난 놈은 왜 이리 콩만 한 존재일까

해결 못 하는 이 무능과 가난과 고독을
다 해결해줄 누군가가 있으면 참 좋겠다
어릴 때 교회 선생님 말씀을 떠올리며
밤하늘의 빠알간 십자가를 바라본다

노숙 (시조)

모두 다 잃고 나서
거리에 버려진 후

노숙해 연명하며
슬픔을 되씹지만

이 고난 해결받을까
십자가를 보누나

露宿 (노숙/漢詩)
노숙

揚持有我被追牲
양 지 유 아 피 추 생
소유를 날린 나는 쫓겨나는 희생을 당했고

送別妻吾受蔑名
송 별 처 오 수 멸 명
아내를 보낸 나는 멸시 오명을 받았다

索服餐民逢惡臭
색 복 찬 민 봉 악 취
옷과 밥을 찾는 자는 악취를 만났고

搜伸席者失眠生
수 신 석 자 실 면 생
잠자리를 찾는 자는 숙면 삶을 잃었다

愚呆去在藏悲淚
우 매 거 재 장 비 루
어리석게 가는 존재는 슬픈 눈물을 감췄고

怨望人間嚥憤聲
원 망 인 간 연 분 성
원망하는 인간은 분한 소리를 삼켰다

願救援丁觀夜宇
원 구 원 정 관 야 우
구원을 원하는 장정은 밤하늘을 보았고

祈希決壯信神城
기 희 결 장 신 신 성
해결을 빌고 바라는 장정은 하나님 성을 믿었다

41

넘지 못할 산 (자유시)

관현악단이 지휘에 맞춰 연주하는 중
찬양대가 많은 물소리로 찬양을 시작한다
넘지 못할 산이 있거든 주님께 맡기세요
넘지 못할 파도 있거든 주님께 맡기세요

알프스 산도 가뿐히 넘은 나폴레옹이
내 사전엔 불가능이란 말이 없다고 했다
그러나 그도 러시아 평원은 못 건너 패망하고
사람의 사전엔 불가능이 많다고 역사에 광고했다

숙이네 어머니는 질병 산 못 넘어 죽었고
민이네 집은 가난의 파도 못 넘어 비참하다
산 넘고 물 건너는 인생 순례길 참 고달프고
나도 막혀서 못가는 길이 참으로 많다

그런데 나는 그길 갈 수 없지만 주님이 대신 가요
찬양대가 찬양을 마치고 자리에 앉는다
주님 십자가 지고 갈보리산 내 대신 오르셨다
그러고서 부활하신 주님이 나를 데리고 가신다

넘지 못할 산 (시조)

못 넘을 산이 많고
못 넘을 파도 많고

질병 산 가난 파도
막힌 길 많지만은

주님이 대신 가므로
주 안에서 넘는다

不可逾山 (넘지 못할 산/漢詩)
불 가 유 산

不可逾山授落心   넘지 못할 산이 낙심을 가져다주고
불 가 유 산 수 낙 심

非成勝浪給悲陰   이기지 못할 풍랑이 슬픈 그늘을 준다
비 성 승 낭 급 비 음

稀祛苦者懷驕滿   간혹 고난을 제거한 자가 교만을 품지만
희 거 고 자 회 교 만

竟遇難人得淚林   결국 고난을 만난 자는 눈물 숲을 얻는다
경 우 난 인 득 누 림

病海艱河除喜路   병의 바다 가난의 물이 기쁜 길을 없애고
병 해 간 하 제 희 로

爭陵死獄殺歌音   싸움 언덕 죽음 감옥이 노래 소리를 죽인다
쟁 능 사 옥 살 가 음

然救贖主開前道   그러나 구속주가 앞길을 활짝 여시니
연 구 속 주 개 전 도

乃信從吾免問森   그래서 믿고 좇는 내가 문제의 숲을 면한다
내 신 종 오 면 문 삼

천사 (자유시)

2023.8.16

그대가 그때 차에 치일 뻔했었지
내가 확 밀어내주지 않았으면 말야
그대가 탐욕에 빠지려 할 때도
탐욕을 이길 사랑 길로 내가 인도하곤 했었지

기도할 때 내가 힘주는 걸 알지 못하겠지
그때 깨닫고 믿음 갖게 내가 지도한 건 알까
기도 후에 일하면 이상하게 잘되지
멋진 그림도 내가 도와준 걸 알아 줬음 좋겠어

그런데 내 동료 중 타락한 한 놈이
그날 그대를 유혹해 유흥가로 데리고 가서
달콤한 수렁 속에 빠지게 만들었었지
그때 내가 얼마나 분했는지 몰라

다행히 그로 인해 그대가 쓰디쓴 늪 속에 빠져
주님을 더욱 의지하게 주가 유인하셨지
그 후 내 도움 더 잘 받아들여 신앙 도약하고
천국이 더 커지게 결국 주님이 인도하신 거야

천사 (시조)

천사가 성도들을
영육간 수호하고

지도해 도웁는 중
마귀가 훼방해도

하나님 역이용하여
결국 구원하신다

天使 (천사/漢詩)
천 사

隨行使者助從徒　수행 천사가 주님 좇는 무리를 돕고
수 행 사 자 조 종 도

指導天軍教信吾　지도 천사가 믿는 우리를 가르친다
지 도 천 군 교 신 오

惡役魔靈營毀謗　악역 마귀가 훼방을 도모하나
악 역 마 령 영 훼 방

全能主恁給求途　전능 주님이 구원 길을 주신다
전 능 주 임 급 구 도

잘나가는 한국인 (자유시)

2023.8.23

광개토대왕 때 영토를 열배나 넓혔던 대한민국
온 세계의 왕이신 왕중왕이 임하시는 그날엔
다시 한번 영적 영토를 온 세계로 넓히는
이름 그대로 큰 한 민족 나라가 되리라

교회 역사상 최고 속도로 성장한 한국 교회
세계 초대형 교회가 절반이나 몰려 있는 한국 강산
그 부흥의 성령불 또 임해 온 세상 불바다 되고
하나님이 보우하사 우리나라 만세가 되리라

IQ 세계 1위인 한국인의 머리가 너무 빨리 돌아가
나쁜 길로도 막가는 한국인이 됐다
세계 1위의 교통사고율, 자살률, 이혼율, 저출산율
폭주족인 우린 매사 막가서 끝장을 낸다

그러나 방향만 잘 잡으면 잘 나가는 한국인이 된다
세계 1위의 IT, 한류, 교육열, 특히 교회 성장
이 잘나가는 적토마에 주님만 타고 가신다면
한국 나라는 곧 온 세계를 주의 나라로 만들리라

잘나가는 한국인 (시조)

고구려 영토 확장
왕중왕 완성하고

초고속 교회성장
온 세상 다 덮으며

막가던 한국인들이
주의 세상 만들리

快去韓人 (잘나가는 한국인/漢詩)
쾌 거 한 인

佽開土族拓神坤	광개토 민족이 신의 땅도 넓히고
광 개 토 족 척 신 곤	
敎會成長握世村	교회성장이 세상 마을을 장악한다
교 회 성 장 악 세 촌	
好腦民邦招速滅	좋은 머리 민족이 쾌속 멸망을 부르나
호 뇌 민 방 초 속 멸	
靈充聖滿造天園	성령 충만이 천국 동산을 만든다
영 충 성 만 조 천 원	

47

겨울 해변 (자유시)

2023.8.30

겨울 해변에 와보니 여름 해변은 자취도 없고
차가운 바람만 달려와서 뜨건 태양을 쫓아버렸다
계절은 끊임없이 흐르는 물이며
보고 싶던 파랑새도 이제는 안 보인다

해변엔 흰 도화지뿐 사람들은 발자국도 없고
공허만 흩날리며 그 많던 즐거움도 몰아냈다
인생은 쉬지 않고 흐르는 구름이며
바라던 그도 어디론가 흘러가 버렸다

그런데 파도만은 변함없이 밀려들고 있고
수평선도 완만한 곡선으로 계속 지구를 보여준다
지구는, 이 땅은 태고부터 고정돼 있으며
그분의 뿌리가 변함없이 박혀 있다

하늘도, 푸르름도 변함없이 빛나고 있고
그 속에서 그분만이 여전히 내 속을 보고 계신다
그 만이 영원불변한 나의 파랑새이시고
그 사랑만이 영원히 나에게 뿌리박고 계신다

겨울 해변 (시조)

계절은 끊임없이
흐르는 물과 같고

인생도 쉬지 않고
변하는 구름이나

해변과 하늘 그분의
사랑만은 불변해

冬海邊 (겨울 해변/漢詩)
동 해 변

冬溟逐夏丘　겨울 바다가 여름 언덕을 쫓아내고
동 명 축 하 구

冷氣驅炎流　찬 기운이 뜨거운 기류를 몰아냈다
냉 기 구 염 류

白紙揩人衆　흰 도화지가 사람들을 지워버리고
백 지 개 인 중

空虛却喜樓　공허가 기쁜 누각을 물리쳤다
공 허 각 희 루

波濤攻海岸　파도가 해안을 때리고
파 도 공 해 안

水線示坤球　수평선이 둥근 지구를 보인다
수 선 시 곤 구

碧昊陪天恁　푸른 하늘이 하늘님을 모시고
벽 호 배 천 임

其慈領我州　그 사랑이 내 마을을 점령한다
기 자 령 아 주

영혼 구원 (자유시)

2023.9.6

통일전망대교회 강단 뒤 전면 유리로 북녘을 본다
고난 중 영육이 죽는 동포 위해 기도 중 울컥해진다
구령 기도 땐 실종 자녀로 우는 엄마 눈물이 나온다
주의 사랑 맘을 내 맘에 조금은 부어주신 것 같다

평생 교회 강단서 모두의 영혼 구원 위해 설교했다
믿음으로 출생해 사랑으로 자라기를 촉구했다
허나 성장장애아처럼 좀처럼 영혼들이 안 자란다
말씀을 지혜롭게 전해야 하는데 늘 부족하다

선교 현장에서도 많은 종들이 구령 위해 애쓴다
열심과 성실과 용기로 온몸을 다한다
허나 인류 대부분 맹인처럼 절벽으로 가 멸망한다
인간 열심에 주의 전능이 임해야만 한다

그날에 주가 전능과 전지와 전애만 부어 주시면
주의 종들이 열심과 지혜와 사랑을 다하는 중에
대 구령의 푸른 파도가 온 세계를 완전히 뒤덮은 후
새 하늘과 새 땅의 천국이 주어지게 되리라

영혼 구원 (시조)

사랑의 마음 품고
지혜로 말씀 주며

열심히 선교하는
인간의 최선 위에

주님의 전능 임해야
대 구령을 이룬다

靈魂救援 (영혼 구원/漢詩)
영 혼 구 원

見北韓吾赧目邊 　북한을 바라본 나는 눈시울을 붉혔고
견 북 한 오 난 목 변

觀亡滅眼瀉憂泉 　멸망을 본 눈은 애타는 눈물을 쏟았다
관 망 멸 안 사 우 천

平生設者悁非熟 　평생 설교한 자가 성숙 못 이룸을 한했고
평 생 설 자 원 비 숙

智少傳師慨未賢 　지혜 적은 전도사가 어질게 못 함을 슬퍼했다
지 소 전 사 개 미 현

布教從群營復興 　포교하는 종들이 부흥을 도모하나
포 교 종 군 영 부 흥

煆炎熱性歎無員 　불타는 열성은 교인 없음을 탄식한다
하 염 열 성 탄 무 원

終時主恁投全力 　종말 때 주님께서 전능 능력을 주셔야
종 시 주 임 투 전 력

大救靈波蓋世圈 　대 구령의 파도가 온 세상을 덮으리라
대 구 령 파 개 세 권

정결 (자유시)

흰 눈이 정결을 상징하나 오염투성이다
깨끗이 씻는 물과 공기도 불순물이 있다
아빠, 오염된 자연 땜에 너무나 힘들죠
세상 무엇이 그걸 정화할 수 있나요

세상 것 중 숲은 비교적 깨끗하긴 하다
나무가 공기와 물 오염을 정화해서다
아빠, 또 사람이 숲에 못 들어가서죠
숲의 힘으로 인간의 땅이 정화되나요

인간이 오염의 주범이라 안 된다
인간이 인간 세상 다 더럽혀 형벌받는다
아빠, 사람이 죄로 더럽히는 거죠
더러운 인간은 누가 정화할 수 있죠

깨끗한 건 높은 하늘과 하늘님뿐이시다
그만이 인간 세상을 다 정화하신다
얘야, 성자 피로 죄 씻어 구원하심 믿어라
죄악 형벌 세상 다 정화해 천국 주신다

52

정결 (시조)

정결의 상징이 된
흰 눈도 오염되고

숲속의 정결함도
완전치 못함으로

오염원 인간 죄악을
성자 피로 씻는다

淨潔 (정결/漢詩)
정 결

淨雪抱埃涓　정결한 눈이 오염물을 품었고
정 설 포 애 연

森純不就全　숲의 순수함도 온전을 못 얻는다
삼 순 불 취 전

人間予弗潔　인간이 불결을 가져다주지만
인 간 여 불 결

聖血造晶圈　성자 피가 정결 나라를 만든다
성 혈 조 정 권

53

로렐라이 (자유시)

2023.9.20

라인강변 로렐라이
전설의 언덕에서
양귀비 꽃 같은 여인이
넋을 뺏는 노래 부른다

넋을 노리는 게 많다
태양 빛의 황금
구름 위의 보좌
대마 풀의 황홀경

그런 때 인생 뱃사공 넋 잃고
배는 뒤집힌다
사람들은 혼미해져
폭포 아래로 떨어진다

거기서 눈이 열려야 한다
구조선을 봐야 한다
하늘에서 온 방주
하늘님 타신 새 천지를

54

로렐라이 (시조)

라인 강 로렐라이
여인의 노래 유혹

이런 때 인생 사공
넋 잃고 뒤집히나

거기서 눈이 열리면
하늘 방주 오른다

虜拏 (로렐라이/漢詩)
로 라

美女奪魂丘   미녀가 넋을 빼앗고
미 녀 탈 혼 구

貪心給惑流   탐심이 미혹을 주면
탐 심 급 혹 류

沙工逢破綻   사공이 파탄을 만나서
사 공 봉 파 탄

覺眼見天舟   깨달은 눈이 하늘 배를 본다
각 안 견 천 주

가을 (자유시)

2023.9.27

태양 불기운에 천하가 꼼짝 못 했지만
가을 대장군 오자 불더위 기가 죽고
울창하던 수목도 고개를 숙이며
벗고 있던 사람들도 옷을 입는다

시원한 바람이 옷깃을 스치자
그 쾌감이 가슴에 들어와 웃음을 짓고
나뭇잎 양 볼도 볼그레 미소지을 때
사람들 옷들도 꽃이 돼 거닌다

그런데 시원하던 바람이 쌀쌀해지고
붉어 예쁘던 단풍잎 낙엽 돼 옷을 벗자
반대로 옷을 껴입은 사람들이
그 낙엽을 밟으며 쓸쓸히 한숨 짓는다

가을 장군이 떠날 채비를 하자
나무는 알몸 되고 사람은 옷에 파묻혀
난로 가로 다가가 따뜻한 불을 쬐다가
따뜻한 엄마 품 같은 주의 품에 안긴다

가을 (시조)

가을철 대장군이
더위를 몰아내면

나무는 옷을 벗고
사람은 옷을 입다

마침내 난롯불 쬐며
주의 품에 안긴다

秋 (가을/한시)
추

秋將逐酷炎 　가을 장군이 심한 더위를 쫓아내고
추 장 축 혹 염

換節送陽乾 　바뀐 계절이 불볕 하늘을 보낸다
환 절 송 양 건

爽氣成丹樹 　시원한 기운이 단풍을 만들고
상 기 성 단 수

愉風飾衆綿 　유쾌한 바람이 사람들 옷을 장식한다
유 풍 식 중 면

澟溫輪落葉 　쌀쌀한 기온이 낙엽을 떨구고
금 온 수 낙 엽

冷感益衣堅 　차가운 느낌이 옷의 견고함을 더한다
냉 감 익 의 견

竟木彰裸體 　마침내 나무는 알몸을 드러내고
경 목 창 나 체

裳人遇暖天 　옷 입은 사람은 따뜻한 하늘님을 만난다
상 인 우 난 천

풀잎 (자유시)

2023.10.4

내 씨앗 껍질도 딱딱하고
땅도 딱딱하지만
그냥 뚫고 나왔지요
내 힘이 그리 쎈 줄 몰랐어요

나와서 금세 자라자마자
바람과 비와 햇살이
나를 그냥 두지 않았지만
다 버텼으니 난 참 대단하지요

그런데 얼마 지난 후
밟혀서 중상을 입었는데요
이어서 동상으로 얼어 죽었지요
그래도 생명 씨 남겼으니 참 위대하죠

이듬해 다시 나와 보니
풀벌레와 사람들이 날 좋아하고
특히 하나님이 날 좋게 보시니
난 내가 너무 사랑스러워요

풀잎 (시조)

딱딱한 땅을 뚫고
태어난 힘센 풀잎

풍우를 견뎌내고
죽어도 씨가 남아

다시 나 예쁨을 받는
사랑스런 존재다

草葉 (풀잎/漢詩)
초 엽

草葉精誠貫固基　　풀잎의 정성이 견고한 터를 뚫고 나와
초 엽 정 성 관 고 기

微微植物耐風危　　미미한 식물이 바람을 견딘다
미 미 식 물 내 풍 위

冬傷死者遺種命　　겨울에 죽는 자가 씨 생명을 남겨서
동 상 사 자 유 종 명

復活生其受大慈　　부활해 산 그가 큰 사랑을 받는다
부 활 생 기 수 대 자

물과 불 (자유시)

2023.10.4

폭염 속 종일 완전 군장 행군 때
논에 고인 나라도 마시고 싶어 하다가
도착 후 나를 마시고 뿌려 씻을 때
나로 무엇과 무엇을 얻는 거지

무인도에 홀로 간 스토리 영화에서
너를 만들어 물고기 구워 먹고
너를 살려서 추운 밤을 덥힐 때
너로 무엇과 무엇을 지킨 거지

급증하는 재난 뉴스를 보면
나의 횡포로 생명과 편안을 다 잃고
너의 난동으로 생명 편안 다 잃는다
나와 너는 어떻고 어때서 그럴까

나와 네가 적당히 바르게 사는 곳
그래서 생명과 편안이 가득한 곳
태초의 그 에덴동산을 만드신 분이
완성하실 영생과 행복의 동산이 있다

물과 불 (시조)

물과 불 잘 쓰면
은 생명과 편안 주고

그것들 잘못 쓰면
사망과 고난 오나

천국선 완전 잘 쓰니
영생 행복 임한다

水化 (물과 불/漢詩)
수 화

收容水者得生圈
수 용 수 자 득 생 권
　　　　　　　　물을 받아들이는 자는 생명권을 얻고

熱洗身人取便堅
열 세 신 인 취 편 견
　　　　　　　　몸을 잘 씻는 자는 편안함을 가진다

用火賢民茹燜飯
용 화 현 민 여 민 반
　　　　　　　　불을 사용하는 자는 더운밥을 먹고

暖房貴客享深眠
난 방 귀 객 향 심 면
　　　　　　　　난방하는 손님은 깊은 잠을 누린다

過多的洁傷吾壽
과 다 적 길 상 오 수
　　　　　　　　너무 많은 물은 우리 목숨을 해치고

誤導行爔拒按然
오 도 행 희 거 안 연
　　　　　　　　잘못 다니는 불은 편안함을 막는다

正運營園供性息
정 운 영 원 공 성 식
　　　　　　　　바르게 운영되는 동산은 생명 안식을 주고

完全主國張蚖平
완 전 주 국 장 원 평
　　　　　　　　완전한 주의 나라는 영생 평안을 베푼다

그대 (자유시)

2023.10.1

그대는 새벽어둠 몰아낸 흰 구름 속의
날 보고 싶어 하는 얼굴입니다
그 새벽에 내 영혼의 사랑을
그대에게 다 던져 드렸습니다

아침마다 그대 음성을 듣고 싶어
말하고 싶어 만나고 싶어
그대의 삶 속에 내 꿈이 있어
영혼의 빨간 장미를 던져 드립니다

내가 깊은 수렁에 빠졌을 때
제일 먼저 달려와 나를 건져 안으며
내 믿음을 건져 주었습니다
그대의 사랑을 보게 하였습니다

그러나 폭우 뒤 따뜻한 햇살 비춰도
여전히 슬픈 그대 눈빛 속 구령의 한
곧 내 한을 풀기를 소망하며
이렇게 시를 쓰고 사랑을 그립니다

그대 (시조)

그대는 어둠 뒤에
사랑한 상대이고

수렁서 날 구원한
고마운 구주이며

구원에 한이 맺히신
사랑 화신이시다

任 (그대/漢詩)
임

傷心賜主公　상심이 주님을 보내 주고
상 심 사 주 공

黑暗送深忠　어둠이 깊은 충성 사랑을 준다
흑 암 송 심 충

曉旦扶相話　새벽이 대화를 도와주고
효 단 부 상 화

祈呪護大虹　기도가 큰 무지개 꿈을 돕는다
기 주 호 대 홍

救援挑信仰　구원이 신앙을 돋우고
구 원 도 신 앙

慰撫授戀聲　위로가 사랑 노래를 준다
위 무 수 연 성

博愛予求恨　넓은 사랑이 구원 한을 주고
박 애 여 구 한

憐情祝其夢　연민이 그 꿈을 기도한다
연 정 축 기 몽

붉은 잎 (자유시)

2023.10.18

서늘한 바람이 불기 시작했다
나를 보러 손님들이 몰려올 것을 생각하니
부끄러워 내 양 볼이 붉어지기 시작한다
준아, 너도 내 붉은 잎이 좋으냐?

가을바람 한동안 산촌에 불어대고
날 보러 인파가 도처에서 몰려드니
내 붉은 웃음꽃이 천지에 만발하는구나
준아, 너도 내 붉은 잎이 좋으냐?

그러나 찬 북풍이 세차게 몰아치니
난 그만 곤두박질해 떨어진다
슬픔과 고독과 허무만 내 영혼을 찌른다
준아, 너도 내 붉은 잎이 싫으냐?

그런데 삭풍에 내가 다 떨어졌지만
가만 보니 내 붉은 잎이 온 땅을 다 덮었다
야, 이거구나. 역시 주의 섭리는 위대해
준아, 너도 내 붉은 잎이 정말 좋으냐?

붉은 잎 (시조)

단풍이 온 천지를
꽃동산 만든 후에

낙엽 돼 떨어져서
슬프고 허무하나

붉은 잎 온 땅 덮어서
신천지를 만든다

紅葉 (붉은 잎/漢詩)
홍 엽

丹楓被赤光　　단풍이 붉은 빛을 입고
단 풍 피 적 광

笑秀備人村　　웃는 꽃이 인간 촌을 채운다
소 수 비 인 촌

落葉予哀淚　　낙엽이 슬픈 눈물을 주나
낙 엽 여 애 루

紅其蓋遍坤　　붉은 그것이 온 땅을 덮는다
홍 기 개 편 곤

서예 (자유시)

중국에서는 서법(書法)이라 한다
전통 방식 기준으로 쓰는 것도 중요하다
화선지 놓고 벼루에다 먹을 갈아 붓으로
오래된 양식대로 제식 훈련을 한다

한국에서는 서예(書藝)라 한다
아름다운 모양으로 쓰는 것도 중요하다
균형 있고 통일되고 조화롭게 변화도 주며
한 편의 멋진 명화를 그려본다

그러나 서법도 서예도 제대로 안 될 때는
낙심도 되고 화가 나기도 한다
다 때려치우고 8.15해방 만세! 하고도 싶다
가만 있자. 그런데 그것들만 중요한가?

일본에서는 서도(書道)라 한다
인격을 수양하며 쓰는 것도 중요하다
참고 조급함 버리고 마음에 호수를 그리며
무엇보다 주님 마음 품으며 써야겠다

서예 (시조)

붓글씨 서법대로
제대로 써야 하고

멋지게 서예 글을
쓰는 것 중요하나

잘 안 돼 화가 날 때도
서도 닦아 잘 쓰자

書藝 (서예/漢詩)
서 예

筆法付全文　서법이 온전한 글을 주고
필 법 부 전 문

書才造美觀　서예가 아름다움을 만든다
서 재 조 미 관

愁心提暴棄　수심이 포기를 제시하나
수 심 제 포 기

聿道就修完　서도가 수양 완성을 이룬다
율 도 취 수 완

고양이 (자유시)

눈이 동그랗게 커서 슬픈 존재예요
모양만 호랑이고 작은 난 겁쟁이죠
더 작은 쥐나 쥐 잡듯 하지
난 겁이 나서 몸 둘 곳을 잘 몰라요

그래 난 혼자 있는 게 너무 좋아요
혼자 무엇엔가 집착하다 보면
현실을 떠나 시공을 초월하여
한없는 자유를 느끼지요

사람이 오면 경계하며 움츠러들죠
애정 표현도 못 하고 내 털만 핥지요
그래 오해를 사고 미움도 받아요
그럴 땐 산다는 게 괴로워요

완전 평안처를 늘 소망하고 있지요
그래 피할 구석을 찾다가
높은 곳에도 올라가죠
하늘나라까지 올라가고 싶어요

고양이 (시조)

겁 많아 눈이 커서
슬퍼진 고양이는

현실을 벗어나서
고독을 즐기고요

내성적 성격 때문에
높은 곳에 피하죠

描 (고양이/漢詩)
묘

微描取不安   작은 고양이는 불안을 가졌고
미 묘 취 불 안

大眼抱威愁   커다란 눈이 공포를 품었다
대 안 포 위 수

怯者眈孤獨   겁쟁이는 고독을 좋아하고
겁 자 탐 고 독

單人肯自由   고독한 자는 자유를 즐긴다
단 인 긍 자 유

危心離有衆   불안한 마음이 사람을 피하고
위 심 리 유 중

誤解召憎憂   오해가 미워하는 마음을 부른다
오 해 소 증 우

避客尋休處   피신자는 안식할 곳을 찾고
피 객 심 휴 처

逃存向卓丘   도망자는 높은 곳을 향한다
도 존 향 탁 구

인생 (자유시)

2023.11.8

인생은 영혼을 향한
위대한 꿈이다
한낱 허황된
드라마가 아니다

향락이 아닌
미래를 위해 살라
현실이 아닌
예술을 그리며 살라

난파한 자를 보며
낙심하지 말고
위인을 보며
용기를 얻으라

그리고 무엇보다
하나님을 믿고서
훗날을 기다리라
영원을 얻으리라

70

인생 (시조)

인생은 영혼 향한
위대한 꿈이로다

향락과 현실보다
미래와 예술이다

낙심 때 하나님 믿고
얻으리라 영원을

人生 (인생/漢詩)
인 생

人生正道夢靈園　　인생의 정도는 영적인 동산을 꿈꾸며
인 생 정 도 몽 영 원

向未來民捨現存　　미래를 향한 자는 현실 존재를 버린다
향 미 래 민 사 현 존

克落心偏持勇氣　　낙심을 극복하는 자는 용기를 가지며
극 낙 심 편 지 용 기

依天主者得蝶原　　하나님을 믿는 자는 영원 언덕을 얻는다
의 천 주 자 득 영 원

희망 노래 (자유시)

2023.11.15

육신은 마치 졸고 있는 고양이
끝없는 반복은 무의미하다
현실은 흡사 부상병의 아우성
희망 고문이 여기저기를 찌른다

궤도 이탈한 자 되고 싶다
바다와 하늘 맞닿은 곳 바라보며
뱃전에 기대 바람 맞으며
희망 노래 마음껏 부르고 싶다

그러나 가자마자 잡으러 따라왔다
심한 비바람이 칼춤을 추고
그대로 놔두는 것 하나도 없다
모든 걸 다 잃고 희망도 꺼진다

그런데 신비한 섬이 거기에 있다
권태와 고난을 초월한 곳
빛과 웃음 가득한 희망하던 동산
그분이 다스리시는 그 나라다

희망 노래 (시조)

육신은 권태롭고
현실은 희망 고문

다 떠나 배를 타고
부른다 희망 노래

폭풍우 파선 되어도
희망 섬에 오르리

希望歌 (희망 노래/漢詩)
희 망 가

肉活申行給捲煩　　육신 삶 반복이 권태를 주고
육 활 신 행 급 권 번

生存苦痛付希墦　　생존 고통이 희망 무덤을 준다
생 존 고 통 부 희 번

逃凡道者乘船一　　궤도 이탈자가 배 하나를 타고
도 범 도 자 승 선 일

見水平人唱望言　　수평선 보는 자가 희망 노래를 부른다
견 수 평 인 창 망 언

但暴風難娑劍舞　　그러나 폭풍우 고난이 칼 춤을 추고
단 폭 풍 난 사 검 무

無慈愛氣滅貪根　　무자비한 바람이 희망 뿌리를 멸한다
무 자 애 기 멸 탐 근

然神秘島救沈客　　그런데 신비한 섬이 조난자를 구하고
연 신 비 도 구 침 객

主統治邦許慕園　　주 통치 나라가 희망 동산을 허락한다
주 통 치 방 허 모 원

참 사랑 (자유시)

2023.11.22

날 버리고 떠나간
야속한 사람
퍼부어 준 내 사랑
어찌 버리나

내 마음은 지금도
더 불타는데
그대 맘은 왜 이리
차가워졌나

내 뜨건 맘 도무지
주체 못 하여
그대를 살리려고
날 희생하네

내 십자가 감격해
돌아온다면
영원토록 참 사랑
낙원 되리라

참 사랑 (시조)

내 사랑 버리고서
냉정히 떠났지만

내 맘은 더 뜨거워
임 위해 희생하네

감격해 돌아온다면
사랑 낙원 이루리

眞愛 (참 사랑/漢詩)
진 애

冷子棄余慈　차거운 사람이 내 사랑을 버리고
냉 자 기 여 자

吾胸泣憫吟　내 가슴은 뜨거운 신음 소리를 낸다
오 흉 읍 민 음

炎情行殺我　불타는 정이 희생을 행하니
염 정 행 살 아

感者悈回心　감격한 자가 회심을 감행한다
감 자 과 회 심

반달 (자유시)

나는 사람과 같다
점점 커질 때도 있고
점점 작아질 때도 있지만
늘 부족을 안고 산다

때론 내 잘못 때문이다
산 뒤로 들어가서지
남 잘못일 때도 있다
구름이 가릴 때도 있지

하나님 같은 해 앞에서는
아얘 난 보이지도 않는다
티끌 같은 존재고
없는 것 같은 존재다

허나 그가 숨어 날 다 비춰주면
산과 구름 다 치워 주면
완전히 둥글어진다
완전히 그를 반사한다

반달 (시조)

반달은 사람같이
부족한 존재이고

신 같은 해 앞에선
존재도 안 보이나

숨어서 세워주면은
완전하게 변한다

半月 (반달/漢詩)
반 월

不足天弦似子圈　　부족한 반달은 사람을 닮았고
부 족 천 현 사 자 권

吾他誤謬托抽堅　　자타의 잘못은 부족을 안긴다
오 타 오 류 탁 추 견

如神太日消存在　　하나님 같은 태양은 존재를 지우나
여 신 태 일 소 존 재

隱遁其群付穩全　　숨는 그들은 온전을 주신다
은 둔 기 군 부 온 전

산책길 (자유시)

편리하게 만들어진 멋진 산책길은
네 차례 산업혁명의 작은 산물이고
1, 2차 산업 증기, 전기가 갖다준
물질 풍요와 편리의 단면이다

공원 산책길 나무 사이로 보이는
번화한 도시의 큰 전광판은
3차 산업 컴퓨터, 인터넷이 갖다준
지식의 드넓은 태평양 바다이다

허나 가을 찬바람에 떨어진
낙엽과 그 위의 앙상한 나무는
4차 산업 AI, 로봇 인조인간 창조로
창조주를 반역하다 망하는 종말인가

그래도 불변하는 높고 푸른 하늘과
낙엽 후에도 여전히 푸른 솔잎은
주님이 예비하신 신천신지에
재창조 구원하신다는 예표인가

산책길 (시조)

증기와 전기 산업
물질과 편리 얻고

컴퓨터 AI 산업
바벨탑 쌓지만은

창조주 다 심판하고
신천신지 주신다

散策路 (산책길/漢詩)
산 책 로

炁拳給物資　증기 힘이 물자를 주고
증 권 급 물 자
築力益平勝　전기 힘이 편한 승리를 더한다
축 력 익 평 승
電算招知識　컴퓨터가 지식을 부르고
전 산 초 지 식
通言貼速應　통신이 속도를 붙인다
통 언 첩 속 응
工頭探萬慧　인공 두뇌가 만지혜를 찾고
공 두 탐 만 혜
製肉捕全能　로봇이 전능을 붙잡는다
제 육 포 전 능
但末降終審　그러나 말세가 최종심판을 내린 후
단 말 강 종 심
新天付國興　신천지가 천국 부흥을 준다
신 천 부 국 흥

내 사랑아 (자유시)

온갖 질병에 썩는 나무 나의 백성들아
먹고 사느라 걸레 되는 온 인류들아
싸움서 얻어맞고 누운 풀 된 자들아
사망 형벌 재판 중 죽어가는 내 사랑아

내 가슴에는 눈물비가 안 그치는구나
내 입술은 탄식으로 사시나무 되고
목에선 한숨의 증기를 마구 내뿜는데
과연 이 일을 어떻게 해야 하지?

죄의 형벌로 그 고난 받고 지옥 가는데
원인인 죄 지으면 지옥 가는 게 옳지
맞아! 내가 대신 지옥 가면 되겠다
십자가 지옥 형벌 대신 당하도록 하자!

그러면 저들 죄 형벌 고난 지옥 다 벗지
믿고 천국을 받아들이기만 하면 돼
건강과 부요와 평화와 영생을
모두 다 영원토록 누리게 할 수 있겠다

내 사랑아 (시조)

고난에 쩔쩔매는
온 인류 내 사랑아

눈물과 탄식 한숨
어떻게 해야하나

죄와 벌 내가 다 받고
저들 구원해야지

朕愛 (내 사랑아/漢詩)
짐 애

天神百姓遇憂貧 천 신 백 성 우 우 빈	하나님 백성이 병과 가난을 만나고
朕愛人間得戰泯 짐 애 인 간 득 전 민	내 사랑 인간들이 싸움과 사망을 얻는다
我臆中心降淚雨 아 억 중 심 강 루 우	내 가슴 중심은 눈물 비를 내리고
喉脣遠處瀉嘆呻 후 순 원 처 사 탄 신	목과 입술 속은 탄식을 쏟아낸다
全行罪者之坤獄 전 행 죄 자 지 곤 옥	모든 행악자는 지옥을 가지만
擔彼辜余被代辛 담 피 고 여 피 대 신	그 죄를 짊어진 내가 대신 매운 벌을 받는다
信賴其民睛赦恕 신 뢰 기 민 청 사 서	그것을 믿는 자가 용서를 받고
然求贖客享常春 연 구 속 객 향 상 춘	그렇게 구속된 자는 영원한 봄 행복을 누린다

두통거리 (자유시)

2023.12.20

두통거리가 나를 옭죈다
숨도 쉴 수 없게
나를 짓누르고
천지는 먹장구름 속이다

시커먼 문제 구름이
소나기로 폭포수 돼 부어지고
질병 가난 불화 사망이
쉬지 않고 나를 두들겨 팬다

온몸을 두들겨맞아
만신창이가 되고
영혼까지 찢겨져
피를 흘리고 있다

누군가 우산을 씌워주거나
대신 맞아주면 좋겠다
맞아, 주 십자가 대신 저주로
내가 자유 얻게 됐지

두통거리 (시조)

두통이 옭아매고
문제가 부어지며

고난이 몰아닥쳐
심신이 찢겨져도

십자가 대신 저주로
우린 자유 얻는다

頭痛事 (두통거리/漢詩)
두 통 사

患亂兗吾魂　환란이 내 마음을 옥죄고
환 란 연 오 혼

頭傷付苦丘　두통이 고통을 준다
두 상 부 고 구

心身當腐敗　심신이 썩음을 당하나
심 신 당 부 패

代贖許求援　대속이 구원을 허락한다
대 속 허 구 원

죄 많은 여인 (자유시)

얼굴과 머리를 꽃같이 단장하고
음란을 꿀같이 흘리며
뭇 남성을 홀리던
죄 많은 여인이

회개 눈물 뿌려진 주의 발을
머리칼로 씻고 입맞추며 향유 붓는
극 존경을 표하며
메시아를 믿었다

그 온몸을 다하는 회개 믿음을
꿰뚫어 보고 계시던 주님이
네 죄가 사해졌노라
칭의 선언을 하셨다

그 용서 사랑에
감사 감격한 여인은
타오르는 불같은 성화 사랑을
주께 쏟아부었다

죄 많은 여인 (시조)

죄 많은 여인 와서
회개의 눈물 뿌려

극존경 표하면서
메시야 믿었더니

칭의를 선언하시자
성화 사랑 불탄다

多罪女人 (죄 많은 여인/漢詩)
　다　죄　여　인

女人棄犯行　여인이 범행을 버리고
여　인　기　범　행

悔者信求援　회개자가 구원을 믿었다
회　자　신　구　원

主恁予稱義　주님이 칭의를 주시자
주　임　여　칭　의

依民示聖侖　믿는 자가 거룩함을 보였다
의　민　시　성　륜

85

집념 (자유시)

하나의 집념에
내가 포로가 된다
비전을 향해
내 눈이 꽂힌다

최선을 다해
그 길을 달린다
나는 노예처럼
혹사를 당한다

허나 내 맘대로
꿈을 꾸어도
일의 성취는
주 뜻대로 하신다

아예 처음부터
주 뜻대로 꿈꿔야
형통의 성에
천국을 얻는다

집념 (시조)

집념의 포로 되어
그 길을 달려가도

그 일의 성취 여부
주 뜻이 좌우하니

애초에 주 뜻 알아야
형통 천국 얻는다

執念 (집념/漢詩)
집 념

執念虜吾心　집념이 내 맘을 사로잡고
집 념 노 오 심
行標給重工　목표가 중노동을 주나
행 표 급 중 공
天神裁勝敗　하나님이 승패를 정하시니
천 신 재 승 패
主志賜亨通　주 뜻이 형통을 준다
주 지 사 형 통

인생 연주 (자유시)

2023.12.20

화려한 무대 의상을 입고
치맛자락 펼쳐 날리며
바이올린과 활을 들고
장군처럼 무대로 나아간다

연주는 다 연습이 돼 있으니
나름 멋진 연주를 하고
박수갈채도 받고
아마 앙코르도 받게 되겠지

허나 내 인생 연주 현장은
쓰레기장 같고
텅 빈 허공 같기도 하니
도대체 이게 뭐란 말인가

주님 꼭 좀 도와주소서
내 인생 연주를 주관하셔서
천국 열매 풍성히 맺는
명작 인생 되게 하소서

인생 연주 (시조)

화려한 의상 입고
멋지게 연주해도

인생의 연주 현장
텅 비고 엉망이나

주님이 주관하시면
명작 인생 가하다

人生演奏 (인생 연주/漢詩)
인 생 연 주

演奏獲高評　연주가 호평을 얻고
연 주 획 고 평

其民得大夢　연주자가 큰 꿈을 얻지만
기 민 득 대 몽

人生當失敗　인생이 실패를 당하면
인 생 당 실 패

主恁賜成功　주님이 성공을 주신다
주 임 사 성 공

옥루 (자유시)

예루살렘 멸망을 예견하시고
옥루를 흘리신다
인간 힘으론 의와 구원 못 얻음 보시고
주님은 옥구슬 눈물을 흘리신다

나사로의 죽음을 보시고
눈물을 흘리신다
인간의 힘으론 사망 못 면함 보시고
주님은 애통을 흘리신다

지옥 가는 사람들 보시고
지옥문에서 울고 계신다
인간의 힘으론 지옥 못 면함 보시고
주님은 사랑을 흘리신다

허나 결국 천국 가는 백성들 보시고
천국 앞에서 웃음을 터뜨리실 것이다
주의 십자가 은혜로 천국 가는 것 보시고
주님은 사랑을 터뜨리실 것이다

옥루 (시조)

멸망과 사망 보고
옥루를 흘리신다

인간의 힘으로는
구원이 불가하나

예수님 십자가 대속
천국 구원 하신다

玉淚 (옥루/漢詩)
옥 루

耶蘇瀉玉悲　　예수님이 옥루를 쏟으시고
야 소 사 옥 비

滅死賷哀魂　　멸망 죽음이 슬픔을 가져온다
멸 사 재 애 혼

世力予狼狽　　인간의 힘이 낭패를 주지만
세 력 여 낭 패

神犧許救援　　신의 희생이 구원을 허락한다
신 희 허 구 원

수선화 (자유시)

2023.12.27

이름 그대로 물가에 피며
신선처럼 진 땅 위로 솟아있는 너
물이 좋아 거기에 있고
하늘이 좋아 솟아 있느냐

모습이 화사한 너
뭐가 좋아 그리 해같이 웃고 있니
미인 자태를 뽐내며
춤추기도 쉬지를 않는구나

허나 힘이 없고 연약해
이리 저리 흔들리며
뭇 바람에 노예처럼 시달리는 게
보기에 애처롭다

헌데 땅속의 뿌리부터 꽃까지
네 속에 한 우주가 있고
그 속에 생명이 들어있어
생명의 주 하나님도 계시는구나

수선화 (시조)

물가에 신선처럼
피어난 수선화야

해같이 웃으면서
흔들며 춤을 추네

한 우주 네 생명
속에 생명주도 보인다

水仙花 (수선화/漢詩)
수 선 화

水渲花群似愼仚   수선화 무리가 신선을 닮았고
수 선 화 군 사 신 선

如陽美女舞娥僊   해 같은 미녀가 예쁜 춤을 추는구나
여 양 미 녀 무 아 선

無筋動汝肖奴隸   힘없이 흔들리는 네가 노예를 닮았지만
무 근 동 여 초 노 예

抱宇周伊侍命天   우주를 품은 네가 생명 하나님을 모셨구나
포 우 주 이 시 명 천

꼬마와 인생 (자유시)

2024.1.3

눈이 내리는 날
꼬마는 너무 좋다
우리 인생 아름답고
산다는 게 즐겁다

미니 별장 향하여
방방 뛰며 간다
인생 꿈 달콤하고
가는 길이 기쁘다

그런데 푹푹 빠지고
꼬마 가방 무겁다
인생고가 발목 잡아
우릴 넘어뜨린다

허나 아버지가 있다
겁낼 것이 없다
하나님이 빽이시니
걱정할 게 무언가

꼬마와 인생 (시조)

눈밭의 꼬마처럼
인생은 즐거웁고

꼬마의 단꿈처럼
인생은 아름답다

인생고 발목 잡아도
하나님이 계신다

小兒與人生 (꼬마와 인생/漢詩)
소 아 여 인 생

小囝好霙田　　꼬마는 눈밭을 좋아하고
소 건 호 영 전

人生肯美耽　　인생은 아름다움을 즐긴다
인 생 긍 미 탐

微莊招少侲　　미니 별장은 꼬마를 부르고
미 장 초 소 진

世夢付芳甘　　세상 꿈은 달콤함을 준다
세 몽 부 방 감

竟袋障行步　　그러나 가방이 발걸음을 막고
경 대 장 행 보

深難捕足堪　　깊은 고난이 발목을 붙잡는다
심 난 포 족 감

然爺予莫惱　　그러나 아버지가 걱정을 막아 주고
연 야 여 막 뇌

昊父絶憂談　　하늘 아버지가 근심을 없앤다
호 부 절 우 담

나무 꿈 (자유시)

2024.1.10

꿈속에서 나는 뿌리를 보았고
투시력이 주어져 땅 속이 보인다
주님과 대화하는 중 점점 뿌리를 내리니
그 기대감이 흥분을 불러일으킨다

나무줄기 어서 자라 큰 나무 되도록
생애 모든 시간을 즐겁게 바친다
주님과의 동역을 통해 가지가 퍼지고
잎이 무성해지며 숲을 이루었다

그런데 꽃이 잘 피어나지를 않고
피는 꽃에도 벌 나비가 오지를 않는다
주님께 띄운 꽃 편지에도 응답이 없고
끝없는 기다림으로 점점 지쳐만 간다

그러나 어느 날 열매가 맺히기 시작하고
결국 열매 풍성한 과수원 숲이 된다
주님의 사랑이 온 세상을 덮어 구원하니
너무 좋아 환호성치다가 그만 깨어난다

나무 꿈 (시조)

꿈속의 뿌리 보고
주님과 대화하며

동역을 하는 중에
나무는 커지는데

꽃 없어 애태우지만
주가 열매 주신다

木夢 (나무 꿈/漢詩)
목 몽

夢幻中吾見木根 꿈속의 나는 나무뿌리를 보았고
몽 환 중 오 견 목 근

俱天對話植其元 주님과의 대화가 그 뿌리를 키웠다
구 천 대 화 식 기 원

生涯百勞扶南育 생애 모든 노력이 나무 성장을 도왔고
생 애 백 로 부 남 육

共恁同從造茂園 주님과의 동역이 무성한 동산을 이뤘다
공 임 동 종 조 무 원

但醜微花防舞蝶 그러나 미미한 꽃이 춤 나비를 막았고
단 추 미 화 방 무 접

呈神便紙受無恩 주께 드린 편지도 무응답을 받았다
정 신 편 지 수 무 은

然何日實成森果 그런데 어느 날 열매가 숲 과원을 이뤘고
연 하 일 실 성 삼 과

主父慈悲救總坤 주 아버지의 자비가 온 땅을 구원했다
주 부 자 비 구 총 곤

빛으로 오시는 분 (자유시)   2024.1.17

칠흑 같은 어둠에
빛으로 오신 당신
자살 충동 위험 때
내 손 잡아주셨죠

절망의 밤 어둠에
밝은 꿈 주신 그대
모든 게 끝났을 때
날 이끌고 가셨죠

내 생 최고 암흑 중
등불로 계시던 님
나락에 떨어질 때
나를 안아주셨죠

다시 어둠 걷히며
태양 돼 오실 주님
엄청난 일 시작 때
내 속에 계실 거죠

빛으로 오시는 분 (시조)

칠흑 빛 어둠 속에
빛으로 오신 당신

나락에 떨어질 때
날 안아 주셨지요

결국엔 태양으로 와
이루시리 내 큰일

來光的者 (빛으로 오시는 분/漢詩)
래 광 적 자

光神捕死吾　　빛 되신 하나님이 죽는 나를 붙잡으셨고
광 신 포 사 오

夢主導恫余　　꿈 되신 주가 절망한 나를 이끄셨다
몽 주 도 통 여

燭恁懷降我　　등불 되신 임이 떨어진 나를 안으셨고
촉 임 회 강 아

陽其取起予　　태양이신 그가 일어나는 나를 가지셨다
양 기 취 기 여

눈물 (자유시)

고통 슬픔의 창을
눈물이 씻는다
기쁨 사랑 감정이
분수돼 솟는다

미스 코리아 웃음은
가짜일 수 있지만
화장 지우는 눈물은
순수한 진주이다

그런데 우는 얼굴은
구겨진 걸레 되고
보는 이의 마음도
앉은뱅이가 된다

하지만 눈물 그릇에
주가 영구 보존하시고
그 씨앗 뿌린 곳에
웃음 열매 주신다

100

눈물 (시조)

눈물이 슬픔 씻고
그게 또 기쁨 푼다

웃음은 가짜 있고
눈물은 진짜이며

눈물의 씨를 뿌릴 때
웃음 열매 맺는다

淚 (눈물/漢詩)
루

源河洗苦悲   눈물 물이 고통 슬픔을 씻고
루 하 세 고 비

涕腺現歡慈   눈물샘이 기쁨 사랑을 드러낸다
체 선 현 환 자

假笑藏人志   가짜 웃음이 사람 마음을 감추고
가 소 장 인 지

眞吟抹美姿   진짜 울음이 고운 얼굴을 지운다
진 음 말 미 자

啼容裁汚幟   우는 얼굴이 더러운 걸레를 만들고
제 용 재 오 절

見腹屈貞思   보는 마음이 곧은 생각을 굽힌다
견 복 굴 정 사

主手遺珍器   주님 손이 눈물 그릇을 보존하고
주 수 유 진 기

基仁結唉兒   눈물 씨앗이 웃음 열매를 맺는다
기 인 결 소 아

폐가 (자유시)

폐가 하나가 산기슭에 주저앉아 있다
삶도 행복도 다 떠나고 텅 비어 있다
지구가 우주 한 켠에 누워 있다
에덴동산 웃음 메아리 사라진 지 오래다

폐가 앞에 폐차 하나도 죽어 있다
씽씽 달리던 힘자랑도 옛말이다
인간이 폐허 속에 죽어있다
병들어 골골대며 죽어가고 있다

폐가 주위의 나무들은 싱싱하다
위를 향해 힘차게 생명이 솟아있다
죽어가는 세상에 생명주 내려온 거다
모두를 살려 데려가려고 온 것이다

폐가 뒤 언덕 너머에 하늘이 보인다
이 모든 처참함을 초월한 푸르름이 있다
모두가 되살아나 가야할 낙원이 있다
모든 죽음을 정복한 부활이 있다

폐가 (시조)

지구의 에덴동산
웃음도 옛말이고

인간들 폐허 속에
병들어 죽어가나

생명주 내려오셔서
하늘 생명 주신다

廢家 (폐가/漢詩)
폐 가

陸球樂處失愉坤　　지구의 낙원이 즐거운 땅을 잃었고
육 구 낙 처 실 유 곤

廢活中人棄命源　　폐허 속 인간이 생명원을 버렸다
폐 활 중 인 기 명 원

下降生根予永遠　　내려온 생명 뿌리인 주가 영생을 주니
하 강 생 근 여 영 원

神之救者得天園　　주의 구원 백성이 천국 동산을 얻는다
신 지 구 자 득 천 원

설국 (자유시)

온 천지가 새하얀
설국에 별장 짓고
죄 없이 깨끗하게
순결에 살고 싶다

집 앞에 만들어 논
노천탕 즐기면서
호수 위 물새들과
교제도 하고 싶다

눈 길 나간 아내가
넘어질까 겁나고
추위가 옷 속에 와
몸을 흔들어대도

주님과 아내 함께
벽난로 가에 앉아
낮에는 그림 짓고
밤엔 시 쓰고 싶다

설국 (시조)

설국에 별장 짓고
깨끗이 살고 싶고

호수 앞 노천탕서
물새와 놀고 싶고

추위 중 벽난로 앞서
시서화 짓고 싶다

雪國 (설국/漢詩)
설 국

雪國孤莊付淨生　　설국 별장이 깨끗한 삶을 주고
설 국 고 장 부 정 생

湖前露浴聽禽聲　　호수 앞 노천 욕이 새소리를 들려준다
호 전 노 욕 청 금 성

蹉傷酷冱搖全體　　낙상과 추위가 온몸을 흔들어도
차 상 혹 호 요 전 체

主婦燗爐給畵城　　주님과 아내 난로가 시화 성을 준다
주 부 민 로 급 화 성

숲과 날파리 (자유시)   2024.2.14

도시 문명 숲 같은
시커먼 숲속에
AI같이 약은 원숭이
로봇같이 힘센 사자 있다

작은 호모 날파리가
호기심이 발동해서
시원할 것 같아서
숲에 들어갔다

당황스럽다
길을 잃었다
맹수 울음 무섭다
삶이 그리 다 망했지만

한 줄기 햇살이 내린다
빛 따라 하늘로 올랐다
솟아나 벗어났다
얼굴에 주의 웃음 비친다

숲과 날파리 (시조)

문명 숲 AI 로봇
사람에 편리 주나

날파리 사람 잡는
무서운 것이지만

주님의 구원 통해서
새로운 삶 얻는다

林與蠅 (숲과 날파리/漢詩)
임 여 승

文明給便依　　문명이 편리를 주므로
문 명 급 편 의

小世造頭身　　작은 인간이 인조인간을 만들자
소 세 조 두 신

怒主予刑罰　　노한 주님이 형벌을 주시나
노 주 여 형 벌

慈神救信民　　사랑의 신이 믿는 백성을 구원하신다
자 신 구 신 민

창가의 여인 (자유시)

여인이 창가에 기대어
수놓는 손이 흐느낀다
달빛 속 임의 얼굴이
점점 멀어져만 간다

산새가 노래한다
임은 떠날 것이라고
여인 손 가의 달빛마저
점점 스러져만 간다

입술에 새어나오는 기도
주여 저희를 버리시나요
산새도 흐느끼며 운다
임은 아주 떠난 거라고

허나 돌아온단 편지 후
재회 때 흘린 눈물에
주님 웃음 비친다
산 새 노래도 춤을 춘다

108

창가의 여인 (시조)

창가에 여인 앉아
수 놓는 손이 울고

산새가 달빛 아래
임 간다. 노래하나

떠난 임 다시 올 때에
주님 웃음 비친다

窓邊女 (창가의 여인/漢詩)
창 변 녀

女人慨恁離　여인이 임 떠남을 슬퍼하고
여 인 개 임 리

岵鳥詠哀充　산새가 애통을 노래하며
호 조 영 애 충

口舌祈歎息　입술이 탄식을 기도하나
구 설 기 탄 식

天神賜再逢　주님은 재회를 주신다
천 신 사 재 봉

사랑은 무엇인가 (자유시)　　2024.2.21

애욕과 다른 게 사랑입니다
본능적 정욕과
심리적 감정과
이기적 욕심에 속지 마세요

사랑은 믿는 것입니다
색안경 끼고 보며
상대가 최고라고
믿고 꽉 붙잡는 게 사랑이죠

사랑 탈 쓴 해침은 가짭니다
떠난 님 발병 나길 원하거나
스토킹 집착과
데이트 폭력은 사랑 무덤이죠

사랑은 십자가 희생입니다
사랑은 자기를 참고
자기를 전부 내어주며
상대 안에 들어가 하나 됨입니다

사랑은 무엇인가 (시조)

이기적 욕심 아닌
이타적 사랑 품고

불신을 벗어나서
믿음을 가지면서

해치는 가짜 사랑에
희생 사랑 덮으라

愛何 (사랑은 무엇인가/漢詩)
애 하

慈悲爲外人　사랑은 남을 위하고
자 비 위 외 인

愛念奉他民　사랑은 남을 높이며
애 념 봉 타 민

假戀傷相對　가짜 사랑은 상대를 해치나
가 련 상 상 대

眞憐捨自身　진짜 사랑은 자신을 희생한다
진 련 사 자 신

사랑으로 사는 사람 (자유시)   2024.2.21

사람의 삶에서 사랑을 빼면
무엇이 있습니까
그 행복을 빼면
사람은 왜 사는 것이지요

욕심만 좇는 삶이
사람에게 무엇을 주나요
끝없이 좇는 무지개를
과연 잡을 수 있습니까

욕심으로 남 해치는 삶에
진정 사람이 있나요
결국 사람 자기 죽이는
사망이 아닙니까

사랑으로 사는 사람
사랑으로 행복한 사람
사랑으로 신앙하는 사람
그만이 천국을 얻지 않나요

사랑으로 사는 사람 (시조)

사람의 삶에서는
사랑이 핵심이고

욕심에 사는 사람
헛되고 멸망한다

사랑에 사는 사람만
행복 천국 얻는다

愛生人 (사랑으로 사는 사람/漢詩)
애 생 인

眞生取愛情　　참된 삶은 사랑을 가지고
진 생 취 애 정

妄活抱求望　　헛된 삶은 욕망을 품는다
망 활 포 구 망

害者當亡滅　　해치는 자는 멸망을 당하며
해 자 당 망 멸

慈存得昊堂　　사랑 존재가 천당을 얻는다
자 존 득 호 당

이름 (자유시)

2024.2.28

막 태어난 핏덩이에게
의미가 붙여진다
존재가 되고
이름이 된다

주위 사람들이
인정하며 부른다
나도 소중하구나
이름을 꽉 붙잡는다

무리 속에 들어갈 땐
부르는 자가 없다
존재 인정 못 받는
이름 없는 자가 된다

주께서 불러주시자
갈대 시몬이
반석 베드로가 됐다
이름이 위대함을 주었다

이름 (시조)

존재가 태어날 때
뜻 담아 이름 짓고

인정해 불러줄 때
소중한 이름 되며

주께서 이름 주실 때
무명이 유명 된다

名 (이름/漢詩)
명

有在受稱號　존재는 이름을 받고
유 재 수 칭 호

招呼付認聲　부름은 인정을 주며
초 호 부 인 성

無号當疏外　무명은 소외를 당하나
무 호 당 소 외

主恁賜新名　주님은 새 이름을 주신다
주 임 사 신 명

사막 (자유시)

아득한 옛날
산천이 뛰어 일어나자
사람도 홀로 뛰놀다가
욕심에 꽁꽁 묶였다

교만이 목을 굳게 해
도시를 창조하고
개꿈을 갖고 놀며
하늘은 보지 않았다

꿈이 배신하여
이제 사방은 사막뿐
고난의 포로가 돼
갈 길을 못 찾는다

그러나 그 어느 날
백마 탄 분을 맞이하면
포승줄 풀어 주셔서
신천지서 살으리라

116

사막 (시조)

산천이 창조될 때
인간은 교만하여

도시를 창조하다
고난에 잡히지만

구원 주 오시는 그날
고난 사막 벗으리

沙漠 (사막/漢詩)
사 막

慾志棄神慈　욕심이 신의 사랑을 버리고
욕 지 기 신 자

驕心從犬夢　교만은 개꿈을 좇는다
교 심 종 견 몽

虛望予苦難　헛꿈이 고난을 주나
허 망 여 고 난

救主拯亡公　구주는 망한 자를 건진다
구 주 증 망 공

햇님이 뜨고 있다 (자유시) 2024.3.13

햇님이 뜨고 있다
빛 덩이 돌아올 때
두 눈이 쌍안경 돼
다 보고 알고 싶다

산천의 아름다움
잘 보아 시 쓰면서
참 인생 그려가는
예술 삶 살고 싶다

달과 별 가짜 빛에
어둠과 잠만 있는
밤 모두 몰아내러
햇님이 뜨고 있다

마을 속사람들의
삶 속엔 사랑뿐인
행복 천국 만들러
햇님이 뜨고 있다

118

햇님이 뜨고 있다 (시조)

햇님인 주님 오셔
진리를 알게 되고

산천의 아름다움
그리는 인생 살다

어둠 다 몰아내실 때
행복 천국 얻으리

太陽興 (햇님이 뜨고 있다/漢詩)
태 양 흥

興日示朝坪 흥 일 시 조 평	뜨는 해가 아침 지평을 보여주고
乾神告哲精 건 신 고 철 정	하늘 신이 진리 정수를 알려준다
山川標美貌 산 천 표 미 모	산천이 아름다운 모양을 표하고
藝畵築眞生 예 화 축 진 생	예술 그림이 참된 삶을 쌓는다
月夜遺深黑 월 야 유 심 흑	달밤은 깊은 흑암을 남기고
惡魔造苦爭 악 마 조 고 쟁	악마는 고난 분쟁을 만드나
村人懷順愛 촌 인 회 순 애	마을 사람은 순사랑을 품고
惠活付天城 혜 활 부 천 성	사랑 삶이 천국을 갖다 준다

즐겁게 사랑을 (자유시)   2024.3.20

과정은 즐겁고 결과는 사랑인
시.서.화 이루게 하소서
즐겁게 시 지어 쓰고 그리다가
사랑을 품게 하소서

과정은 즐겁고 결과는 사랑인
신앙과 인생 이루게 하소서
웃으며 걸어가서
감격해 울며 도착하게 하소서

욕심 악마가 괴로움을 주다가
분쟁 지옥에 빠뜨리므로
하늘과 땅이 부서져서
시커먼 시궁창 되는 걸 피하여

과정은 즐겁고 결과는 사랑인
주님과의 데이트 하게 하소서
시간을 잊고 걸어가던 끝에
주님 품에 깊이 안기게 하소서

즐겁게 사랑을 (시조)

과정은 즐거웁고
결과는 사랑 되는

시서화 신앙 인생
이루게 하옵시고

주님과 즐겁게 걷다
사랑 얻게 하소서

通愉愛 (즐겁게 사랑을/漢詩)
통 유 애

愉路付情終　즐거운 과정이 사랑 결과를 주고
유 로 부 정 종

快生造藝憐　즐거운 인생이 예술 사랑을 만든다
쾌 생 조 예 련

慾魔成戰獄　욕심 마귀가 분쟁 지옥을 이루나
욕 마 성 전 옥

樂主許慈天　주를 즐거워함이 사랑 천국을 허락한다
낙 주 허 자 천

산새 (자유시)

이름 모를 산새가
계곡 물소리 반주에 맞추어
사랑 노래하는 동안
산천은 노래 사랑에 빠진다

이름과 똑같은 소리로
뻐꾹, 뜸북, 꾀꼬리하며
자신을 노래하는
유명 가수들도 등장한다

유럽인은 새가 노래한다 하고
일본인은 지저귄다 하고
역사 마다 울었던 한국인들은
운다고 말한다

이 모든 걸 만드신 하나님께서
이 산새를 보시고 뭐라 하실까
아름다운 산수화의
화룡점정이라고 안 하실까

산새 (시조)

산새가 물소리에
맞추어 노래하고

뻐꾹새 꾀꼬리도
이름을 자랑하네

산수화 화룡점정이
산새인가 하노라

山鳥 (산새/漢詩)
산 조

山鳥唱慈謠 산 조 창 자 요	산새가 사랑 노래를 부르고
歌王呼自名 가 왕 호 자 명	가수가 제 이름을 불러댄다
韓人聽乙泣 한 인 청 을 읍	한국인은 새 울음을 들으나
天主見龍晴 천 주 견 용 정	하나님은 화룡점정을 보신다

네 가지 사랑 (자유시)   2024.4.3

남녀가 만나서 색안경을 끼게 되자
음양 전기가 서로 붙듯이 둘이 합할 때
스파크 현상 보이며 불이 타오른다
이성 간 에로스 사랑 연정이다

그러자 태어나게 된 아기에게
몸과 의식주를 희생해 다 주면서
쏟아붓는 정이 강물 돼 변함없이 흐른다
모자 간 스롤게 사랑 모정이다

자라는 아이들끼리 놀다가 싸우다가
밖에 나가 동무들끼리 또 놀다 말다
이사를 가자 모두 빛바랜 사진이 된다
친구 간 필리아 사랑 우정 아니 무정이다

참사랑으로 사는 사람 되려고 교회 나가
당신까지 희생해 영생 주시는 신을 만나
변함없는 그 하늘을 신앙하며 헌신한다
신인 간 아가페 사랑 참사랑이다

네 가지 사랑 (시조)

에로스 이성 사랑
스톨게 모자 사랑

필리아 친구 사랑
모두 다 불완전해

아가페 신인 사랑을
십자가로 주셨다

四種愛 (네 가지 사랑/漢詩)
사 종 애

色琉男女行聯熹　색안경 낀 남녀가 연합미를 이루고
색 류 남 녀 행 연 희

異性戀情示電熙　이성 간 연정이 전기 불빛을 보인다
이 성 연 정 시 전 희

出産母親予摠部　출산한 어머니가 모든 것을 다 주고
출 산 모 친 여 총 부

瀉零恩惠作江池　쏟아 내리는 은혜가 강과 못을 만든다
사 령 은 혜 작 강 지

成長小幼遊娛樂　자라는 아이가 놀이를 즐기나
성 장 소 유 유 오 락

朋友之憐抹寫思　친구 간 우정은 사진 생각을 지운다
붕 우 지 련 말 사 사

犧賜天皇生獻者　희생해 주는 하나님이 헌신 자를 낳고
희 사 천 황 생 헌 자

神人間愛就眞慈　신인 간 사랑이 참 사랑을 이룬다
신 인 간 애 취 진 자

속에서 웃음이 걸어 나온다 (자유시) 2024.4.10.

겉을 보고 속지 마라
바리새인의 겉 선행보다
그의 마음 속 욕심을 보아라
속에 진실이 숨어 있다

속이 솟구쳐 나와
겉을 만들게 하라
마음속에 눈물과 땀을 심으면
웃음 열매가 걸어 나온다

겉만 보고 가짜를 따르면
제 무덤을 파게 된다
돼지 영감 부러워서 따르다간
돼지우리에 갇힌다

겉으로는 안 보이는
영이신 하나님을 보아라
그 속사랑 품에 뛰어들어야
영원 행복 웃음이 걸어 나온다

속에서 웃음이 걸어 나온다 (시조)

겉 아닌 속을 보고
속에다 잘 심으면

겉 보고 가던 자가
시궁창 빠질 때에

속에서 웃음 열매가
걸어 나와 안긴다

笑出於內 (속에서 웃음이 걸어 나온다/漢詩)
소 출 어 내

外面持虛空　　겉은 가짜를 갖고
외 면 지 허 공

內心付展情　　속이 진실을 준다
내 심 부 전 정

表望懷滅敗　　겉 욕망은 멸망을 품으나
표 망 회 멸 패

裏愛任禧生　　속사랑이 웃음 삶을 안긴다
이 애 임 희 생

불덩이 (자유시)

2024.4.17

빨간 불빛 드레스 자락 늘어뜨리고
불 같이 피아노를 치는 여인
손에서 나온 멜로디 불덩이가
창밖으로 날아간다

창밖 고층 건물 속에서는
가슴마다 욕망 불덩이가 들어가
쫓기듯 뛰어다니며
뭔가를 바삐 만들고 있다

허나 욕망의 총들을 서로 쏘며
포탄 불덩이를 쏘아 대는
전쟁의 불바다가 돼
만든 게 다시 다 파괴되고 있다

그런데 어떤 사람들 속으로는
주의 성령 불덩이가 쑥 들어가
사랑의 불빛만 가득한
아름다운 새 에덴동산을 얻는다

불덩이 (시조)

음악의 불덩이와
욕망의 불덩이를

분쟁의 불덩이가
모두 다 꺼뜨려도

사랑의 불덩이 통해
에덴동산 얻는다

火塊 (불덩이/漢詩)
화 괴

音律高煆貼翶元　음악의 뜨거움이 날개를 달고
음 률 고 하 첩 고 원

慾望熱意造多存　욕망의 열심이 많은 것을 만든다
욕 망 열 의 조 다 존

紛爭强力敗全部　분쟁의 강한 힘이 그 모든 것 파괴해도
분 쟁 강 력 패 전 부

慈愛炎團付樂園　사랑의 불덩이가 낙원을 갖다 준다
자 애 염 단 부 낙 원

뱁새의 꿈 (자유시)   2024.4.24

끝이 없는 밤하늘
가득한 보석
내 님 호위 하늘 새
무도회 공연

뱁새도 하늘나라
스타 되고파
날으고 또 오르고
솟아올라도

날개에 쥐만 나며
굴러 떨어져
실신한 둥지에는
연기만 나네

그런데 꿈을 반긴
임이 내려와
옮기어다 하늘에
건져 주었네

뱁새의 꿈 (시조)

무한한 신의 경지
신비한 아름다움

우리가 애써 봐도
오를 수 없지만은

믿고서 꿈을 품으면
구원받아 오른다

鷦夢 (뱁새의 꿈/漢詩)
초 몽

天境取神寄 하늘 경지는 신비를 가졌고
천 경 취 신 기

世存願昊園 세상 존재는 하늘 동산을 원한다
세 존 원 호 원

吾勤予絶望 우리 노력은 절망을 주지만
오 근 여 절 망

信夢引救援 믿는 꿈이 구원을 끌어당긴다
신 몽 인 구 원

쉼이 없는 인생 (자유시)   2024.5.1

욕심이 가득해서 쉼이 없다면,
그래 자연 앞에서 무관심 안경을 껴서
산천초목 느끼는 예술이 없다면
그건 잿빛 인생이지

목표 달성 위해서 멈춤이 없다면,
그래 사람들 앞에서 목석이 돼서
가족 친구 이웃과의 사랑이 없다면
그건 불행한 인생이지

근심이 가득해서 즐김이 없다면,
그래 자신 보는 눈을 아직 못 뜬 아기라
내 속에서 깨닫는 철학이 없다면
그건 무의미한 인생이야

뭔가에 쫓겨서 여유가 없다면,
그래 하나님 못 보는 근시 안경만 껴서
하늘 그분과 사는 영성이 없다면
그건 죽어가는 인생이다

쉼이 없는 인생 (시조)

욕심이 쉼을 뺏어
예술과 사랑 뺏고

근심에 즐김 잃어
철학도 없는 인생

안식일 하나님 만나
영생 인생 되어라

無休人生 (쉼이 없는 인생/漢詩)
무 휴 인 생

慾望奪休遊　욕망이 휴식을 빼앗고
욕 망 탈 휴 유

目標殺愛情　목표가 사랑을 죽이며
목 표 살 애 정

愁心除哲學　수심이 철학을 없애고
수 심 제 철 학

逃避棄天城　쫓김이 천성을 버린다
도 피 기 천 성

임의 사랑 (자유시)

2024.5.8

우리 둘이서 살고 있는 세상
왠지 오늘 하늘에도 안 보이는 임을
강물도 숲속도 둘러보며
다시금 찾고 있다

집에는 아직 체취가 남아 있고
강의실엔 그의 솔로몬이 날리며
거리엔 임의 바디매오가 흩어진다
사무실 책상에도 흔적은 있다

그런데 정녕 왜 안 보일까
아무리 불러도 대답 없으니
춘향의 그 꿈은 헛것이란 말인가
아주 떠나버리신 걸까

애타는 마음을 누르며
느낌 묘사해 글로 쓰고 그림도 그려
시 서 화 작품 걸어놓고 묵상하니
야! 거기 임과 그 사랑 살아서 있네

임의 사랑 (시조)

주님과 사는 세상
주님이 안 보인다

체취만 남아있고
종적이 없지만은

시 서 화 작품 만드니
임의 사랑 보인다

恁愛 (임의 사랑/漢詩)
임 애

憂我探藏其　애타는 내가 숨은 그를 찾으니
우 아 탐 장 기

愛神遺厥姿　사랑의 주님은 그 모양만을 남겼고
애 신 유 궐 자

春香懷空夢　춘향이는 헛된 꿈만을 품었으나
춘 향 회 공 몽

詩畵示天慈　시서화가 하나님 사랑을 보여준다
시 화 시 천 자

북극성 (자유시)

2024.5.15

하늘 북쪽에 고정돼 있는 별
배들이 기준을 잡는 빛
변함없이 완전히 우뚝 서서
세상 것과는 다름을 보여준다

잎이 푸르다가 낙엽 돼 지거나
밀물이 덮다가 다 쫓겨 가거나
눈에 덮였던 지저분함 드러내는
인간 세계와는 아주 다르다

그 더러움을 참을 수 없어
변하는 불완전 지우고 싶어
물이나 불로 세상을 뒤덮어도
하늘 큰 빛은 만족이 없다

오히려 그 빛이 큰 품에 품을 때
믿고 그 품에 뛰어들기만 하면
그 빛 안의 아름다움 영원하고
그 안의 완전 나라를 누리리라

북극성 (시조)

완전한 북극 신이
부족한 세상 보고

더러워 심판하나
여전히 만족 못 해

품으며 사랑 주시니
믿음으로 안겨라

北極星 (북극성/漢詩)
북 극 성

全星占北天   완전한 별이 북쪽 하늘을 점령했고
전 성 점 북 천

不足備人坤   부족한 것이 인간 땅을 채웠다
부 족 비 인 곤

世罪呼形罰   세상 죄가 형벌을 부르지만
세 죄 호 형 벌

昊慈抱醜園   하늘 사랑이 추한 동산을 품는다
호 자 포 추 원

사랑 이야기

ⓒ 유진형, 2024

초판 1쇄 발행 2024년 7월 12일

지은이   유진형
펴낸이   이기봉
편집   좋은땅 편집팀
펴낸곳   도서출판 좋은땅
주소   서울특별시 마포구 양화로12길 26 지월드빌딩 (서교동 395-7)
전화   02)374-8616~7
팩스   02)374-8614
이메일   gworldbook@naver.com
홈페이지   www.g-world.co.kr

ISBN   979-11-388-3350-9 (03230)